TOP을 위한 전략경영

Workshop편

김언수 · 김봉선 · 신재욱 지음

publishing and culture
피앤씨미디어

Special thanks to 김정아(FMASSOCIATES)

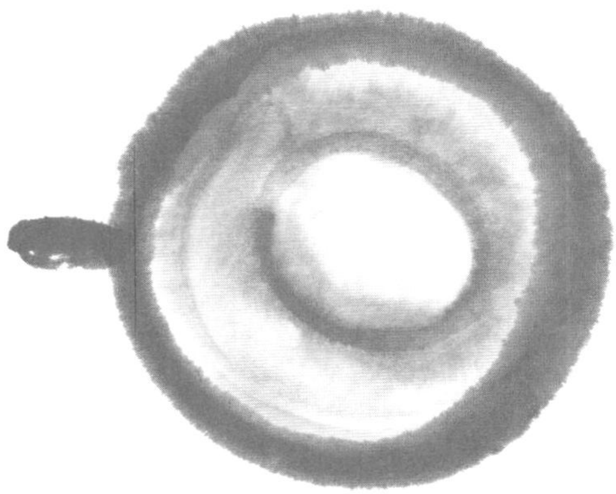

전략 Workshop을 준비하라는 태스크를 받아 놓고

막막해 하고 있는 분들에게…

머리말

이 책의 주된 타깃 독자는 "전략 및 사업계획 수립과 관련한 Workshop을 준비하라는 지시를 받았는데, 막막한 사람들"이다.

물론 이런 1차적인 독자 외에, 전략 수립과 관련된 Workshop을 운영하려는 컨설턴트, 전략의 좀 더 실무적인 내용을 알고자 하는 공부하는 사람들, 그리고 수업 시간에 이론과 사례만을 다루기보다 간단한 Workshop 모듈을 도입해서 학생들에게 배운 이론을 적용해 보게 함으로써 수업 운영을 원활하게 하고 싶은 교수님들도 이 책을 유용하게 쓸 수 있을 것이다

경영전략을 가르치기 시작한 지 어느덧 20여 년이 지났다. 그동안 학교 안과 밖에서 수많은 학생들과 실무자들을 만나면서 경영전략을 이해시키고 가르치기 위해 다양한 방법들을 활용해 보았다. 대상이 학생이건 실무자이건 효과적인 학습 방법은 일방적인 강의보다는 스스로 개념과 이론 및 도구들을 응용하고 현실에 적용해 볼 수 있는 연습이라는 점을 나름 깨닫게 되었다. 그런데, 기업체 전략 및 기획 인력들을 교육하거나 자문을 하는 과정에서 일부 큰 기업을 제외하고는 상당한 규모의 회사에 있는 인력들마저 전략을 수립하거나 매년 사업계획을 수립할 때 '무엇을, 어떻게 해야 하는지'와 특히 그와 관련된 Workshop을 계획할 때 어디서부터 어떻게 손을 대야 할지 고민하는 경우를 많이 보았다. 어떤 때는 Workshop 일정을 짜는 것조차도 힘들어하는 경우도 있었다. 또한, 일정을 만들 때 예를 들어 하루의 시간을 너무 광범위하게 2시간, 3시간 단위로 느슨하게 계획하는 경우도 많았다. Workshop 시간을 효과적으로 쓰기 위해서는 우선 전략이 무엇인지, Workshop의 목적에 맞는 어떤 분석과 계획도구들을 배치해야 하는지가 분명해야 되는데, 주로 외부에 그러한 작업을 맡기는 경우가 많아서인지 정작 자체적인 Workshop을 구성하는 데 어려움을 겪는 예를 많이 보았다.

이 책은 언젠가부터 희미하게 머리 속에서 생각을 해 오다가, 나의 대학원 제자이자 학생 때 조교로서 기업체 교육과 실습을 보조해 주었고, 기업 자문을 함께 했으며, 또한 본인 스스로 학부 및 MBA 강의와 기업체 교육을 담당해 본 김봉선 박사와 의견을 나누면서 생각을 정리했고, 역시 나의 대학원 박사과정 제자이자 컨설팅 회사 FMASSOCIATE(에프엠어소시에이츠)를 운영하고 있는 신재욱 대표와 얘기를 하면서 구체화되었다. 나는 학교에만 있는 사람이고, 김봉선 박사는 학교 오기 전 회사 경험이 있어서 양쪽을 볼 수 있었고, 신재욱 대표는 컨설턴트로서 경험한 회사들의 현황을 잘 이해하고 있었기에 아주 이상적인 컴비네이션이 이루어졌다고 생각한다.

이 매뉴얼이 "전략이란 무엇인가"라는 가장 중요한 이해와 안목을 키워줄 수는 없다. 이미 어느 정도의 안목과 경험이 있다고 가정하고 최대한 구체적인 Workshop을 기획하고 진행할 수 있는 데 도움을 주고자 이 매뉴얼을 만들었다.

내용들과 도구들은 특별히 새로운 것은 없다. 어떤 것들은 익히 잘 알려진 분석툴들이고 어떤 것들은 저자들이 경험을 통해서 직접 만든 것들이다. 본 매뉴얼에서 소개하고 있는 개념이나 도구들이 너무 이론적이고 추상적이라고 미리 단정짓지 않았으면 좋겠다. 모든 분석도구들은 실제 경영상황을 바탕으로 개발된 것들이고, 어떻게 사용하는가에 따라서는 얼마든지 실무적인 시사점을 끌어낼 수 있다고 생각된다.

이 책으로 모든 필요한 분석과 계획이 해결될 수는 없으며, 다만 Workshop을 효과적으로 준비할 수 있는 출발점을 제공하는 것이 목적이다. 이 책에서 제안하는 일정표와 양식들을 출발점으로 삼아서 자신의 회사와 사업에 맞게 수정, 보완을 하게 된다면 백지상태에서 시작하는 것보다는 시간과 노력을 줄일 수 있을 것으로 생각된다.

이 매뉴얼은 교과서인 "TOP을 위한 전략경영 4.0"과 연계하여 사용할 수도 있다. TOP을 위한 전략경영은 전략수립과 실행의 전체적인 흐름과 주요 개념들에 대한 기본적인 이해를 하는 데 도움을 주어서 본 매뉴얼을 더욱 효과적으로 사용할 수 있도록 해 줄 것이다.

공동저자인 김봉선 박사와 신재욱 대표의 도움이 없었다면 이 책은 가능하지 않았기에 두 사람에게 감사의 뜻을 전하고, 나의 구술을 받아 원고초안을 만들어 줌으로써 크나큰 공헌을 해 주신 FMASSOCIATES의 김정아 컨설턴트에게도 특별한 감사의 마음을 전하고 싶다.

부디 이 책이 지금 현재 Workshop을 준비하라는 태스크를 받아 놓고 막막해하고 있는 많은 분들에게 조금이라도 도움이 되기를 바란다.

2013년 4월 1일 만우절 아침

김 언 수

기업 현장에서 수없이 행해지는 Workshop! 왠지 이 단어는 Workshop 기획자에게는 막막함을 참여자에게는 수동적으로 따라감으로써 느꼈던 지루함을 연상하게 만드는 경우가 대부분이다. 이러한 막막함과 지루함을 해결할 수 있는 방법은 무엇일까에 대한 고민이 이 책을 시작하게 된 계기가 되었다.

이 책은 지도 교수님이신 김언수 교수님과 기업현장에서 실행했던 전략 Workshop 경험을 토대로 실행 매뉴얼을 작성한 것이다. 따라서, 그 실행의 knowhow가 고스란히 담긴 책이라고 할 수 있다. 특히 흥미로운 점은 첫째, Workshop을 위한 계획과 일정에 대한 팁을 제시함으로써 기존 책들과는 차별성을 둔 점이다. 이것은 새로운 시도라고 할 수 있으며, 단순히 개별적인 매뉴얼을 제시하는 것에서 벗어나 Workshop 전체의 방향과 흐름을 어떻게 정할 것인가에 대한 지침을 제시한 것이라고 볼 수 있다. 둘째, Workshop 기획자 또는 진행자 입장에서 고려해야 할 각종 항목들을 종합적으로 제시하고 있다. 즉, 전략 수립 및 실행을 위한 종합 선물과자세트와도 같은 매뉴얼을 제공한 것이며, 어떤 순서로 무엇부터 선택해서 나누어 먹을지는 담당자의 선택에 달려 있다. 셋째, 이 매뉴얼을 어떻게 활용할 것인가는 실무자들의 몫이다. 특히, 창의적이고 자발적인 Workshop을 원하는 기업의 실무자들에게 좋은 지침서가 될 것이다.

또한, 이 매뉴얼을 충분히 활용하기 위해서는 기본적인 전략 개념과 이론에 대한 폭넓은 이해를 바탕으로 Workshop의 전체적인 흐름을 머리 속에 그려보는 연습을 반복하는 것을 권하고 싶다. 이러한 연습은 실제 Workshop 상황에서 실질적인 도움이 될 것이다. 분명 이 책에서 모든 답을 얻기는 어려울 수도 있다. 특히 세부적인 개념에 대해서는 전략수립 및 실행과 관련된 기존 서적들(특히 김언수 교수님의 저서들!)을 참고하기를 바란다.

끝으로, 기업 Workshop에 많은 참여 기회를 주시고, 공동저자라는 좋은 기회를 주신 김언수 교수님께 다시 한번 무한한 감사를 드리고, 이 책이 나오기까지 많은 시간과 노력을 아끼지 않은 박사동기이며 공동저자이신 신재욱 대표님께도 깊은 감사의 뜻을 전합니다. 이 매뉴얼을 시작으로 드디어 제 이름이 들어간 책이 나오게 된 것을 무한한 영광으로 느끼며, 계속해서 업그레이드된 후속작을 만들어 낼 것을 약속 드립니다.

2013년 4월 1일

독자들의 사랑과 관심으로 첫술에 배부르고 싶은 공동저자 김봉선

전략을 다룬 책은 다양합니다. 하지만

"전략"을 주제로 한, 혹은 "전략"이란 단어가 들어간, 무수히 많은 책들이 있습니다. 국내에만 하더라도 후자 경우의 책이 유명 서점의 온라인 쇼핑몰 기준으로 하여 6,000여 권이나 됨을 확인하였습니다. 심지어 "학습 전략"이라든가, "전략 삼국지"란 키워드 등도 포함합니다. 얼마나 "전략"이란 것이 뭔가 "있어 보이고," "세련되어 보이기"까지 하면 그러할까요.

본 책은 전략 수립을 위한 실무용 Manual입니다

본 책 역시 "전략"을 다룹니다. 하지만, 이 책이 세상의 빛을 보게 됨에 있어 마땅히 다른 책들과는 남다른 차별화가 있어야 할 것입니다. 잠시만 내용을 보시면 아시겠지만, 본 책은 철저히 실무용으로 만들어졌습니다. "어떻게 하면, 'Workshop을 통해' 우리 조직의 문제점을 파악하고, 외부와 내부 환경을 정리하고, 나아갈 방향을 정한 후에, 구체적인 경쟁전략들을 짜 보고, 향후의 실천적 전략과제들을 도출할 것인가"에 초점을 맞추었습니다. 여기서의 포인트는 철저하게 "Workshop을 통해"라는 것입니다. Workshop에서 사용될 16가지의 기법들을 (1) "아무리 급해도 바늘 허리 매어 못 쓰니까" 산출물상의 흐름을 따르고, (2) "작업해 나가야 할 우리의 시간이 부족하기 마련이니까" 예상되는 소요시간에 맞추어 시간표를 짜임새 있게 구성하였습니다. 물론 해당 조직에 우선적으로 필요한 것들을 골라 사용하셔도 됩니다. 현상을 파악(knowing)해서, 공감대를 형성하며 이해력을 제고하시고(understanding), 미래에 대응할 구체적인 세부 계획들을 건져 올리시길(Predicting) 바랍니다.

Manual이 나오기까지

당연히(!) 김언수 교수님의 가르침에 따라 전략을 배운 후, 전략을 수립함에 있어 실제 사용한 분석 기법들을 토대로 하여 본 Manual을 만들었습니다. 책 앞머리에 있는 이름은 "셋"이지만, 음으로 양으로 더 많은 분들께서 실행해 본 결과물이며, 이분들께 거듭된 감사를 드립니다. FMASSOCIATES(에프엠어소시에이츠)의 김정아 컨설턴트가 특히나 서 말인 구슬을 보배로 만드는 데 많은 힘을 보태었습니다. 김언수 교수님의 지도 하에 처음 IMF Workshop을 수행할 때 "중장기 사업환경 분석"의 Endstate와 Event Card를 작성하며 Workshop을 주도적으로 함께 진행하곤 했던 김광민, 이나경, 박민채, 조명환, 조성민, 장준화 컨설턴트 등에게도 고마움을 표합니다. 그 외 프로젝트들을 수행하며, 조언하고 응원해 준 김광우 상무, 남정식, 이호진, 한상진, 홍현욱, 안지훈 컨설턴트 등도 고맙습니다.

문의사항이 있으시다면

지면의 한정에 따라 수록하지 못하여, 독자께서 진행하시다 보면 '패크맨처럼' 이가 빠진 내용이 있어 궁금하신 부분도 생길 줄로 압니다. info@fma-consulting.com 02-720-6336으로 문의 주시면 즉시 답하여 드리고, 이런 것들은 모아 추후 다시 보완토록 하겠습니다.

감사합니다.

2013년 5월 15일
신재욱

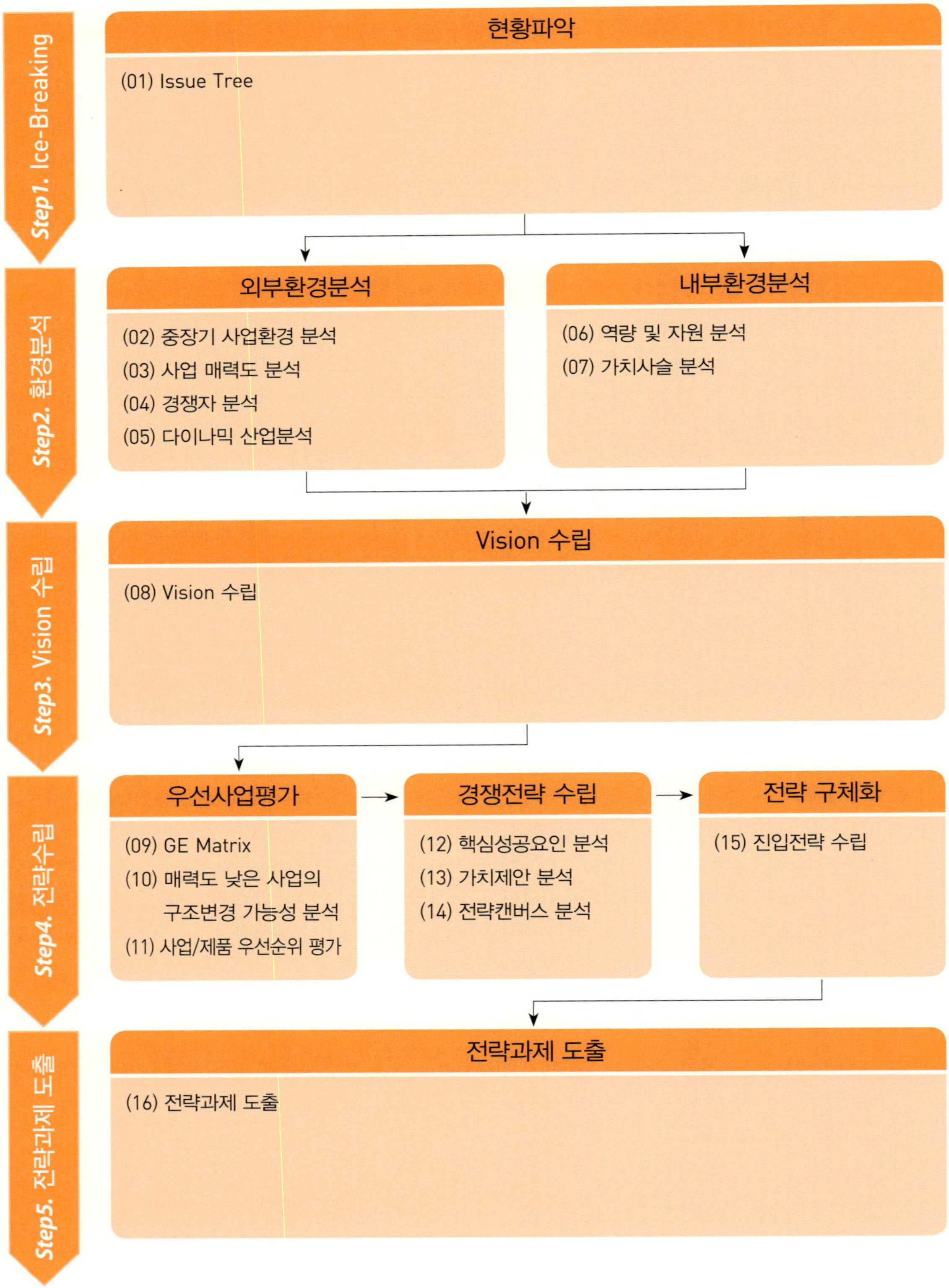
Step1. Ice-Breaking
현황파악
(01) Issue Tree
Step2. 환경분석
외부환경분석
(02) 중장기 사업환경 분석
(03) 사업 매력도 분석
(04) 경쟁자 분석
(05) 다이나믹 산업분석
내부환경분석
(06) 역량 및 자원 분석
(07) 가치사슬 분석
Step3. Vision 수립
Vision 수립
(08) Vision 수립
Step4. 전략수립
우선사업평가
(09) GE Matrix
(10) 매력도 낮은 사업의 구조변경 가능성 분석
(11) 사업/제품 우선순위 평가
경쟁전략 수립
(12) 핵심성공요인 분석
(13) 가치제안 분석
(14) 전략캔버스 분석
전략 구체화
(15) 진입전략 수립
Step5. 전략과제 도출
전략과제 도출
(16) 전략과제 도출

차례

Workshop Guideline

매뉴얼 활용 방법 · 12
Workshop 리더의 역할 · 12
Workshop 일정 · 14
Workshop 준비사항 및 참석대상 · 30
Workshop 주의사항 · 31

Manual

Step1. Ice-Breaking: 무엇이 문제인가? 왜 우리는 성장하지 않고 있는가?

현황파악
(01) Issue Tree · 32

Step2. 환경분석: 우리 사업의 내/외부 환경은 어떠한가?

외부환경분석
(02) 중장기 사업환경 분석 · 38
(03) 사업 매력도 분석 · 62
(04) 경쟁자 분석 · 72
(05) 다이나믹 산업분석 · 82

내부환경분석
(06) 역량 및 자원 분석 · 88
(07) 가치사슬 분석 · 98

Step3. Vision 수립: 우리가 나아가야 할 방향을 한 문구로 정리하면?

Vision 수립
(08) Vision 수립 · 110

Step4. 전략수립: 우리가 집중해야 할 것과 버려야 할 것은 무엇인가?

우선사업평가
(09) GE Matrix · 122
(10) 매력도 낮은 사업의 구조변경 가능성 분석 · 128
(11) 사업/제품 우선순위 평가 · 136

경쟁전략 수립
(12) 핵심성공요인 분석 · 146
(13) 가치제안 분석 · 152
(14) 전략캔버스 분석 · 174

전략 구체화
(15) 진입전략 수립 · 184

Step5. 전략과제 도출: 전략 달성을 위해 무엇을 해야 하는가?

전략과제 도출
(16) 전략과제 도출 · 192

매뉴얼 활용 방법

책 시작부분에는 전체의 흐름도가 있다.

회사의 상황과 목적에 따라 필요하다고 생각되는 부분을 선정한다. 각 스텝과 모듈마다 주제어 앞에 (번호)가 써 있는데 그것들은 분석툴의 번호이다. 예를 들어, 중장기 사업환경 분석과 관련된 Workshop을 하고 싶다면 뒤쪽에 있는 (02)번을 찾아가면 되는 식이다.

14~29페이지(Workshop 일정 페이지)에는 일반적인 Workshop에서 다루게 되는 주제들에 대한 예시가 있다. 그 일정들을 참조하여 회사 사정에 맞게 종류와 순서를 편집하면 된다. 또한, 예시 일정마다 해당되는 구체적인 Workshop 스케줄을 제공하였고, 시간 운영과 각 스텝마다 해당되는 분석툴 번호를 명시해 놓았으므로, Workshop 리더는 미리 해당되는 툴들을 모아서 그대로 활용하거나 아니면 나름대로 흐름과 내용을 편집해서 활용할 수 있다.

Workshop 리더의 역할

1. Workshop의 성공 여부는 적절한 사전 계획은 물론이지만 Workshop 당일날 진행자의 역할에 크게 좌우된다. Workshop은 애초의 계획한 그대로 모든 과정과 스텝이 100% 진행될 것이라고 예상하면 안 된다. 어떤 이유에서든 예정시간보다 더 걸릴 수도 있고 더 빨리 진행될 수도 있음을 인지한다. 처음에 진행자와 참석자간 일종의 탐색과 기싸움의 시간이 있고, 그러므로 첫 모듈을 어떻게 진행하는지가 Workshop 전체의 성패를 좌우할 수 있음을 기억해야 한다.

2. Workshop 진행자는 최대한 계획한 대로 Workshop이 운영되도록 시간을 확인하고 참석자들을 독려하는데 주의를 집중해야 한다. Workshop이 완전히 종료되는 그 순간까지 긴장을 풀지 않아야 한다. 시간을 체크하고 조별 진행상황을 지속적으로 모니터해서 너무 빠르거나 늦는 조가 없도록 코디네이트를 하는 것이 중요하다. 이것을 위해서 진행자를 도울 진행보조자를 활용하는 것도 좋은 방법이다. 이때 "진행보조자는 Workshop 준비과정에 적극적으로 참여하여 전체 흐름을 어느 정도 파악하고 있어야 한다. 진행보조자의 역할은 단순한 준비물 확인이나 시간 확인뿐만 아니라 조별 진행 상황을 진행자에게 수시로 보고하고, 각 조에서 어떠한 어려움을 겪고 있는지 수시로 확인하여 알리는 역할을 능동적으로 해야 한다. 뿐만 아니라, 사전 지식을 충분히 갖추고 각 조의 간단한 질문들에 대해서 설명할 수 있어야 한다.

3. Workshop 시작시간을 미리부터 강조하여 모든 참석자는 Workshop 진행 20~30분 전에 장소에 도착하게 하고, 진행자는 그보다 더 먼저 도착하여 셋업을 한다. 그리고, 정해진 시간이 되면 지체 없이 시작한다. Workshop이 시작되었는데 한두 사람씩 들어 오면서 분위기를 흐리지 않게 시작하는 것이 중요하다. 가능하다면 가장 윗사람(예: CEO)을 통하여 시작 전 도착을 강조하게 한다.

4. 처음 시작할 때 시간엄수의 원칙을 다시 한번 강조하고, 진행상황을 계속 알려 줄 것이며, 진행자가 "stop!" 이라고 할 때는 모든 것을 멈춰야 Workshop이 계획대로 진행될 수 있음을 강조한다. 처음 모듈부터 진행자가 그 원칙을 지키지 않으면 전체 과정이 흔들리므로 엄격하게 지킨다. 가장 문제가 되는 스마트폰은 당연히 무음으로 하고, 전화를 받으러 나가는 것 또한 Workshop 동안에는 금지함을 강조하고, 화장실 가는 것도 특별한 상황이 아니라면 반드시 쉬는 시간을 활용한다는 원칙을 강조한다.

05. 어떤 분석작업을 하는 경우 한번에 10분 이상의 시간이 아무런 통제 없이 지나가게 하지 않는다. 예를 들어, '앞으로 30분 동안 이러이러한 것을 해 보세요' 하고 그냥 있으면 분위기가 늘어지게 된다. 10분 정도의 단위로 어느 정도의 시간이 흘렀으며 어느 정도의 시간이 남았음을 지속적으로 알려 준다. 또한, 조마다의 진행상황을 모니터하여 '가장 빠른 조는 어디까지 진행 중이고, 가장 느린 조는 어느 정도 진행되었다'는 것도 알려 주면서 빠른 조는 속도를 조절하고 늦은 조는 속도를 올리도록 조정한다. 정해진 시간이 되면 최대한 마치도록 한다.

06. 그러나, 진행자의 판단에 따라 시간을 더 줘야 할 것으로 생각되면 5분 내지 10분 단위로 몇 번을 더 줄 수 있다.

07. 이럴 경우 당황하지 말고, 쉬는 시간이나 혹은 사람들이 작업하는 사이 시간을 활용하여 다시 원래의 전체 Workshop 일정으로 돌아가서 시간을 더 줄이거나 벌 수 있는 모듈이 있는지 조정한다. 반드시 있게 되어 있다. 어떤 경우는 하나의 세그멘트를 과감하게 뛰어넘는 방법도 있다. 즉, Workshop 전 과정에 걸쳐서 진행자는 지속적으로 일정을 조금씩 조정해 가면서 반드시 예정된 시간에 맞추어 종료되게 하는 것이 중요하다. 이것은 모든 회사에서 Workshop이 한번으로 끝나는 것이 아니고 향후 계속 다양한 형태로 진행되게 마련이므로 Workshop에 대한 참석자들의 기대와 신뢰 등에 영향을 미치게 되기 때문이다.

08. 따라서, 진행자는 시간이 되면 미흡한 점이 있더라도 (그렇게 되지 않도록 과정 중에 최대한 진도를 뽑아내야 하지만) 시간이 되었다고 판단하면 "stop!"을 과감하게 선언할 수 있어야 한다. 이런 이유로 진행자는 서열에 영향을 받지 않는 외부자가 나을 수도 있다. 내부자가 진행한다면 Workshop 전에 미리 가장 서열이 높은 사람에게 이해와 양해를 구하고 진행자의 지시를 따르는 데 모범을 보여 주기를 부탁하여 둔다.

09. 계획된 시간 안에 종료하는 것이 중요함을 다시 한번 기억하고, 마칠 때는 전 과정 진행에 대한 간략한 소감(잘 따라와 준 데 대한 고마움이라든가, 분석의 질에 대한 칭찬 등 상황에 맞게)을 피력하면서 연속으로 다음 단계의 Workshop이 잡혀 있는 경우 그에 대한 설명을 하면서 마무리를 한다.

10. 현실적으로 Workshop 참여자의 적극적인 참여를 유도하는 것은 쉽지 않은 일이다. 이를 위해서는 각 회사 나름의 자그마한 인센티브를 도입하는 것도 생각해 볼 수 있다. 좋은 안을 제시하거나 적극적으로 참여하는 개인 또는 그룹에게 Workshop 종료 직전에 임원급이(높을수록 좋음. CEO면 최고) 직접 특별 시상을 하는 것도 좋은 예일 것이다. 또한, 가능하다면, Workshop에서 구성원들이 온 힘을 집중하여 진행하는 모습들을 가능한 한 스마트폰 등을 활용하여 틈틈이 사진이나 동영상에 담도록 진행보조원이나 내부 인력에게 별도로 지시를 하여 둔다. 얼마나 공들여 합의를 이루며 도출된 내용들인지를 알리는 데 있어 내부 변화관리 차원에서 향후 사용될 수 있기 때문이다.

Workshop 일정

본 Workshop 일정은 모든 Tool을 활용한다고 가정할 때 2가지 유형으로 구분된다.

1. A Week Workshop (집합기간 5일, 소요기간 5일)

- 5일간 연속하여 Workshop이 진행되는 일정
- 단기간 내 결론을 도출할 수 있으나, 충분히 고민할 여지가 적음

2. A Month Workshop (집합기간 총 7.5일, 소요기간 4주)

- 일주일에 한 번 Workshop을 진행, 총 4번의 Workshop으로 진행되는 일정
- 장기간 이루어져 운영 측면에서의 용이성은 상대적으로 낮지만, 참석자 개개인이 충분히 고민할 여지가 있음

반드시 모든 Tool을 활용할 필요는 없다. 현재 수립된 전략의 수준을 감안하여 보완이 필요한 부분이 있을 경우 보완에 필요한 분석 Tool만을 활용할 수도 있다.

A Week Workshop

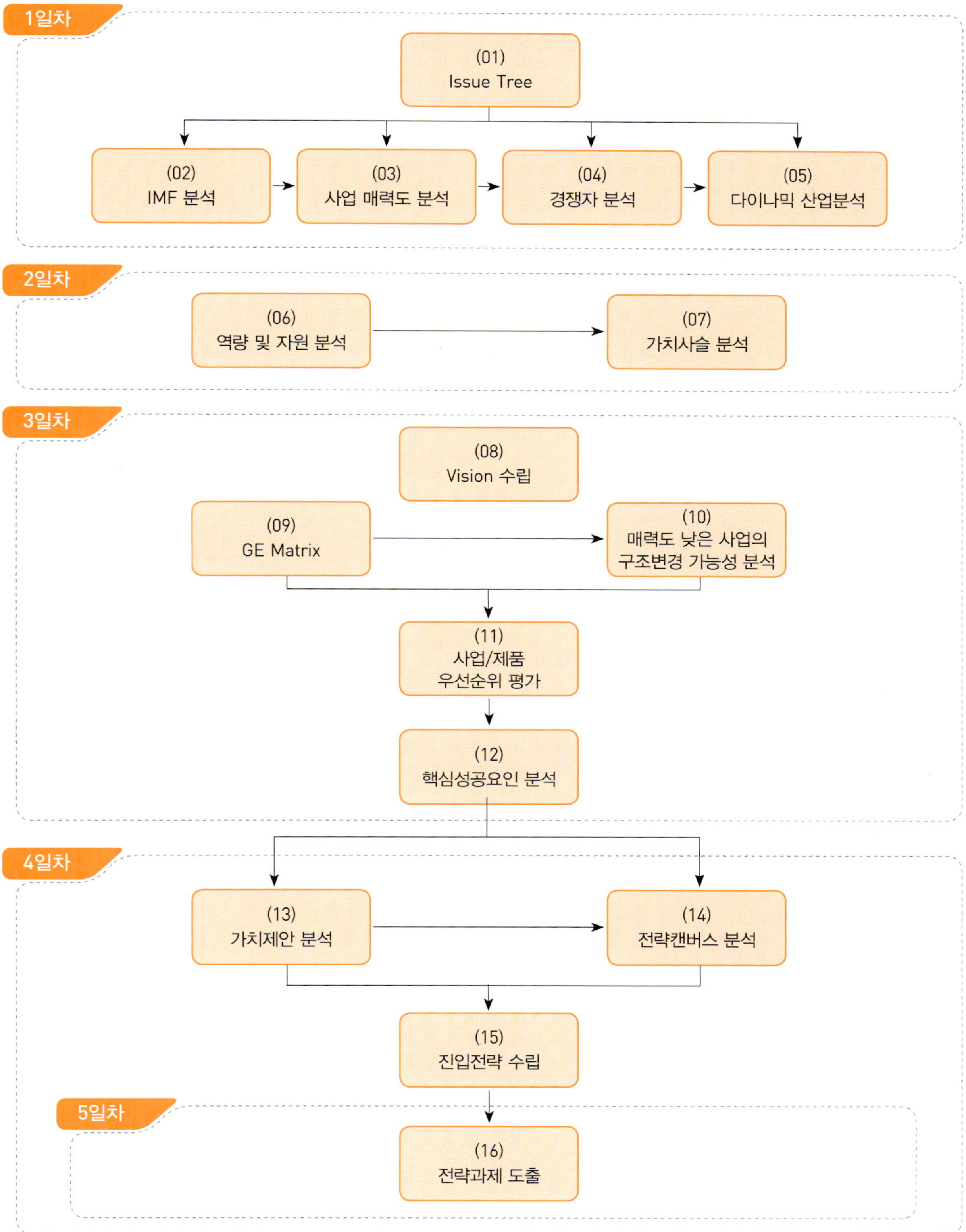

A Week Workshop: 1일차

Time	Duration	Tool NO.	과제	과제 상세
09:00	20		Opening	
09:20	30	(01)	Issue Tree 분석	방법론 설명 10분 개인작성 5분 팀 작성 25분
09:50	10		Break	
10:00	120	(02)	중장기 사업환경 분석	방법론 설명 10분 팀 수행 70분 발표 40분(팀별 10분)
12:00	60		점심식사	
13:00	90	(04)	경쟁자 분석	방법론 설명 10분 팀 수행 80분
14:30	10		Break	
14:40	60	(05)	다이나믹 산업분석	방법론 설명 10분 팀 수행 50분
15:40	10		Break	
15:50	80	(03)	사업 매력도 분석	방법론 설명 20분 팀 수행 60분
17:10	10		Break	
17:20	60	(04) (05) (03)	팀 발표 • 경쟁자 분석 • 다이나믹 분석 • 사업 매력도 분석	팀 발표 10분 Q&A 5분 (팀별 총 15분)
18:20	10		1일차 마무리	
18:30				

A Week Workshop: 2일차

시간	Duration	Tool NO.	과제	과제 상세
09:00	10	일정안내		
09:10	60	(03)	사업 매력도 조정 토의	사업 매력도 조별 최종안 도출
10:10	10	Break		
10:20	100	(06)	자원 및 역량 분석	방법론 설명 20분 팀 수행 80분
12:00	60	점심식사		
13:00	90	(07)	가치사슬 분석	방법론 설명 20분 팀 수행 70분
14:30	10	Break		
14:40	60	(06) (07)	발표 • 자원 및 역량 분석 • 가치사슬 분석	팀별 10분 발표 Q&A 5분 (팀별 총 15분)
15:40	10	Break		
15:50	60	(07)	가치사슬 분석 조정	방법론 설명 10분 팀 수행 50분
16:50	10	Break		
17:00	60	(07)	가치사슬 분석조정 결과 발표	팀별 10분 발표 Q&A 5분 (팀별 총 15분)
18:00	30	2일차 마무리		
18:30				

A Week Workshop: 3일차

시간	Duration	Tool NO.	과제	과제 상세
09:00	10		일정안내	
09:10	50		1~2일차 Wrap up	
10:00	60	(08)	Vision 수립	방법론 설명 10분 팀 수행 30분 발표 20분 (팀별 5분)
11:00	10		Break	
11:10	50	(08)	Vision 수립	방법론 설명 10분 팀 수행 40분
12:00	60		점심식사	
13:00	30	(08)	Vision 수립안 발표	발표 30분 (팀별 7분)
13:30	60	(09)	GE Matrix	방법론 설명 10분 팀 수행 50분
14:30	10		Break	
14:40	60	(10)	매력도 낮은 사업의 구조변경 가능성 분석	방법론 설명 10분 팀 수행 50분
15:40	30	(11)	사업/제품 우선순위 평가	방법론 설명 10분 팀 수행 20분
16:10	10		Break	
16:20	60	(11)	사업/제품 우선순위 평가발표 및 조정	팀별 10분 발표 Q&A 5분 (팀별 총 15분)
17:20	60	(12)	핵심성공요인 분석	방법론 설명 10분 팀 수행 50분
18:20	10		3일차 마무리	
18:30				

A Week Workshop: 4일차

시간	Duration	Tool NO.	과제	과제 상세
09:00–09:10	10		일정안내	
09:10–10:10	60	(13)	가치제안 분석	방법론 설명 10분 팀 수행 50분
10:10–10:20	10		Break	
10:20–11:10	50	(14)	전략캔버스 분석	방법론 설명 10분 팀 수행 40분
11:10–12:10	60	(12) (13) (14)	경쟁전략 수립발표 • 핵심성공요인 • 가치제안 • 전략캔버스	팀별 20분 발표 Q&A 10분 (팀별 총 30분)
12:10–13:00	50		점심식사	
13:00–14:00	60	(12) (13) (14)	경쟁전략 수립발표 • 핵심성공요인 • 가치제안 • 전략캔버스	팀별 20분 발표 Q&A 10분 (팀별 총 30분)
14:00–14:10	10		Break	
14:10–15:10	60	(15)	진입전략 수립	방법론 설명 10분 팀 수행 50분
15:10–15:20	10		Break	
15:20–17:00	80	(15)	진입전략 수립 발표	팀별 10분 발표 Q&A 10분 (팀별 총 20분)
17:00–17:10	10		Break	
17:10–18:10	60	(16)	전략과제 도출	방법론 설명 10분 팀 수행 50분
18:10–18:30	20		4일차 마무리	

A Week Workshop: 5일차

시간	Duration	Tool NO.	과제	과제 상세
09:00	10	일정안내		
09:10	50	(16)	전략과제 도출	방법론 설명 10분 팀 수행 40분
10:00	80	(16)	전략과제 발표	팀별 10분 발표 Q&A 10분 (팀별 총 20분)
11:20	40	(16)	전략과제 조정	
12:00	60	점심식사		
13:00	60		최종발표 준비	
14:00	160		최종발표	팀별 30분 발표 Q&A 10분 (팀별 총 40분)
16:40	20	Break		
17:00	20	Workshop Survey		
17:20	40	Workshop 총정리 및 마무리		
18:00				

A Month Workshop

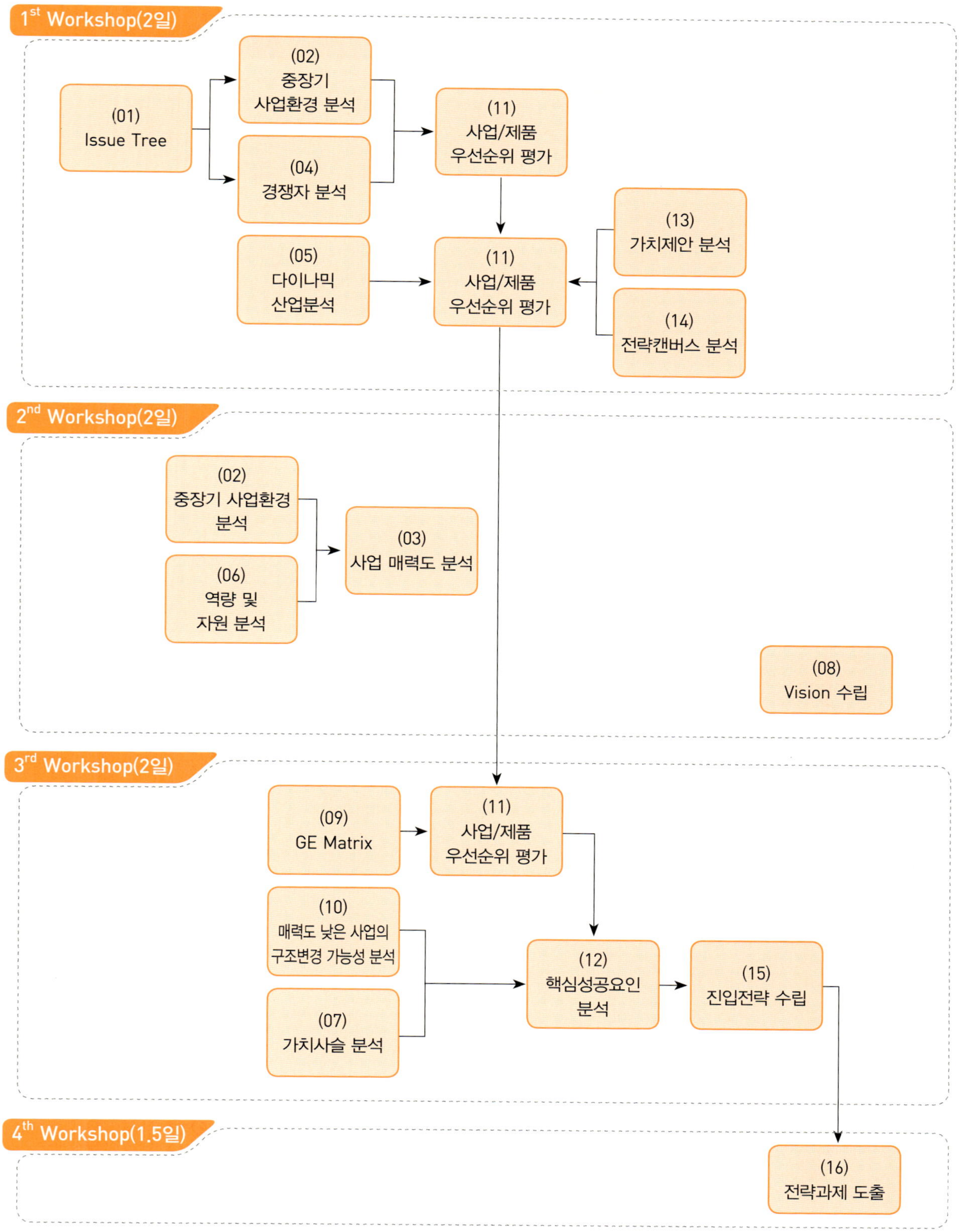

A Month Workshop: 1st Workshop(1일차)

시간	Duration	Tool NO.	과제	과제 상세
09:00	20		Opening	
09:20	30	(01)	Issue Tree 분석	방법론 설명 10분 개인 작성 5분 팀 작성 25분
09:50	10		Break	
10:00	120	(02)	중장기 사업환경 분석	방법론 설명 20분 팀 수행 80분 발표준비 20분
12:00	60		점심식사	
13:00	60	(01)	중장기 사업환경 분석 결과 발표	팀별 발표 10분 Q&A 5분 (팀별 총 15분 발표)
14:00	10		Break	
14:10	90	(04)	경쟁자 분석	방법론 설명 10분 팀 수행 40분 팀별 10분 발표(총 40분)
15:40	10		Break	
15:50	80	(11)	사업/제품 우선순위 평가	방법론 설명 20분 팀 수행 60분
17:10	10		Break	
17:20	60	(11)	사업/제품 우선순위 평가 발표	팀별 10분 발표 Q&A 5분 (팀별 총 15분 발표)
18:20	10		Workshop 마무리	
18:30				

A Month Workshop: 1st Workshop(2일차)

시간	Duration	Tool NO.	과제	과제 상세
09:00	10		Opening	
09:10	70	(05) (13) (14)	다이나믹 산업분석 가치제안 분석 전략캔버스 분석	방법론 설명 10분 팀 수행 50분
10:20	10		Break	
10:30	90	(05) (13) (14)	발표 • 다이나믹 산업분석 • 가치제안 분석 • 전략캔버스 분석	팀별 20분 발표 Q&A 10분 (팀별 총 30분 발표)
12:00	60		점심식사	
13:00	30	(05) (13) (14)	발표 • 다이나믹 산업분석 • 가치제안 분석 • 전략캔버스 분석	팀별 20분 발표 Q&A 10분 (팀별 총 30분 발표)
13:30	10		Break	
13:40	80	(11)	사업/제품 우선순위 평가	방법론 설명 20분 팀 수행 60분
16:00	10		Break	
16:10	80	(11)	발표 및 조정	팀별 20분 발표 Q&A 10분 (팀별 총 30분 발표)
18:10	20		Workshop 마무리	
18:30				

A Month Workshop: 2nd Workshop(1일차)

시간	Duration	Tool NO.	과제	과제 상세
09:00–09:10	10	Opening		
09:10–0950	40	(02)	중장기 사업환경 분석 재정리 및 추가 Event 작성	
0950–10:00	10	Break		
10:00–11:00	60	(06)	자원 및 역량 분석	방법론 설명 10분 팀 수행 50분
11:00–12:00	60	(02) (06)	발표 • 중장기 사업환경 분석 재정리 결과 • 자원 및 역량분석	팀별 10분 발표 Q&A 5분 (팀별 총 15분 발표)
12:00–13:00	60	점심식사		
13:00–14:00	60	(03)	사업 매력도 분석	방법론 설명 30분 팀 수행 50분
14:00–14:10	10	Break		
14:10–15:10	60	(03)	사업 매력도 분석 1차 발표	팀별 10분 발표 Q&A 5분 (팀별 총 15분 발표)
15:10–15:20	10	Break		
15:20–16:20	60	(03)	사업 매력도 분석 조정	전체 토론 30분 팀 수행 30분
16:20–16:30	10	Break		
16:30–18:20	110	(03)	사업 매력도 분석 및 발표 준비	
18:20–18:30	10	Workshop 마무리		

A Month Workshop: 2nd Workshop(2일차)

Time	Duration	Tool NO.	과제	과제 상세
09:00–09:10	10		Opening	
09:10–11:10	120	(03)	사업 매력도 발표	팀별 20분 발표 Q&A 10분 (팀별 총 30분 발표)
11:10–12:00	50	(08)	Vision 수립 • Vision 유형 분석	방법론 설명 10분 팀 수행 40분 (Research)
12:00–13:00	60		점심식사	
13:00–14:00	60	(08)	Vision 수립 발표 • Vision 유형 분석	팀별 10분 발표 Q&A 5분 발표 (팀별 총 15분 발표)
14:00–14:10	10		Break	
14:10–15:40	90	(08)	Vision 수립	방법론 설명 20분 팀 수행 70분
15:40–15:50	10		Break	
15:50–16:50	60	(08)	Vision 수립 발표	팀별 10분 발표 Q&A 5분 발표 (팀별 총 15분 발표)
16:50–17:00	10		Break	
17:00–18:00	60	(08)	Vision 수립 • Vision 수립안 평가	방법론 설명 10분 팀 수행 50분
18:00–18:10	10		Break	
18:10–18:20	10	(08)	Vision 수립평가결과공유	
18:20–18:30	10		Workshop 마무리	

A Month Workshop: 3rd Workshop(1일차)

Time	Duration	Tool NO.	과제	과제 상세
09:00–09:10	10	Opening		
09:10–10:40	90	(09)	GE Matrix	방법론 설명 10분 팀 수행 30분 팀별 5분 발표(총 20분)
10:40–10:50	10	Break		
10:50–12:00	70	(11)	사업/제품 우선순위 평가	방법론 설명 20분 팀 수행 50분
12:00–13:00	60	점심식사		
13:00–14:00	60	(11)	사업/제품 우선순위 평가 조정	팀별 10분 발표 Q&A 5분 (팀별 총 15분 발표)
14:00–14:10	10	Break		
14:10–15:10	60	(10)	매력도 낮은 사업의 구조변경 가능성 분석	방법론 설명 30분 토론 30분
15:10–15:20	10	Break		
15:20–16:00	40	(10)	매력도 낮은 사업의 구조변경 가능성 분석	팀 수행 40분
16:00–17:00	60	(10)	매력도 낮은 사업의 구조변경 가능성 분석 발표 및 조정	팀별 10분 발표 Q&A 5분 (팀별 총 15분 발표)
17:00–17:10	10	Break		
17:10–17:40	30	(10)	매력도 낮은 사업의 구조변경 가능성 분석 조정	팀 수행 30분
17:40–18:20	40	(10)	매력도 낮은 사업의 구조변경 가능성 분석 발표 및 조정	팀별 5분 발표 Q&A 5분 (팀별 총 10분 발표)
18:20–18:30	10	Workshop 마무리		

A Month Workshop: 3rd Workshop(2일차)

시간	Duration	Tool NO.	과제	과제 상세
09:00–09:10	10		Opening	
09:10–10:00	50	(10)	매력도 낮은 사업의 구조변경 가능성 분석 결과 Wrap up	
10:00–11:00	60	(12)	핵심성공요인 분석	방법론 설명 10분 팀 수행 50분
11:00–12:00	60	(12)	핵심성공요인 발표	팀별 10분 발표 Q&A 5분 (팀별 총 15분 발표)
12:00–13:00	60		점심식사	
13:00–14:00	60	(07)	가치사슬 분석	방법론 설명 10분 팀 수행 50분
14:00–14:10	10		Break	
14:10–15:30	80	(07)	가치사슬 분석 발표	팀별 15분 발표 Q&A 5분 (팀별 총 20분 발표)
15:30–15:40	10		Break	
15:40–16:40	60	(07)	가치사슬 분석	방법론 설명 10분 팀 수행 50분
16:40–16:50	10		Break	
16:50–17:50	60	(15)	진입전략 수립	방법론 설명 10분 팀 수행 50분
17:50–18:20	30	(15)	진입전략 수립 발표 준비	
18:20–18:30	10		Workshop 마무리	

A Month Workshop: 4th Workshop(1일차)

Time	Duration	Tool NO.	과제	과제 상세
09:00	10	Opening		
09:10	120	(15)	진입전략 발표	팀별 20분 발표 Q&A 10분 (팀별 총 30분 발표)
11:10	50	(15)	진입전략 조정	
12:10	60	점심식사		
13:00	90	(16)	전략과제 도출	방법론 설명 10분 팀 수행 80분
14:30	10	Break		
14:40	120	(16)	전략과제 발표	팀별 20분 발표 Q&A 10분 (팀별 총 30분 발표)
16:40	20	Break		
17:00	60	(16)	전략과제 조정	
18:00	30	Workshop 마무리		
18:30				

A Month Workshop: 4th Workshop(2일차)

시간	Duration	Tool NO.	과제	과제 상세
09:00	10	Opening		
09:10	160		최종발표	팀별 30분 발표 Q&A 10분 (팀별 총 40분 발표)
11:50	30	Workshop 마무리		
12:20				

Workshop 준비사항 및 참석대상

Workshop을 원활히 진행하기 위해서는 철저한 사전준비가 필요하다.

- Workshop 사회를 볼 수 있는(즉, Workshop을 리드할 수 있는) 사회자가 필요하며, 각 조별로 과제 수행을 지원하는 Facilitator가 필요하다. 사회자와 Facilitator는 외부전문가를 활용할 수 있으며, Workshop을 주관하는 부서에서 수행할 수도 있다. 단, 중요한 것은 사회자와 Facilitator가 단순히 진행을 돕는 것이 아니라 과제 내용과 수행방안을 모두 숙지하여야 한다는 것이다. 따라서 Workshop 수행 전 사회자와 Facilitator는 Workshop을 Simulation해 볼 필요가 있다.
- Workshop 일정에 따라 준비해 두어야 하는 자료들도 있을 수 있다. 특정 자료를 Workshop 내에서 작성하게 할 것인지, 미리 제공한 후 진행할 것인지의 결정 여부에 따라 많은 자료들을 사전에 준비해 두어야 한다.

본 Workshop을 통해 다양한 효과를 가질 수 있다.

첫 번째로는 직원들의 공감대를 획득한 구체적인 전략안을 도출할 수 있고,
두 번째로는 전략 도출 방법에 대한 교육훈련이 동시에 이뤄질 수 있다.
세 번째로는 추가적인 이벤트 없이도 전략에 대한 내용 공유가 이뤄질 수 있다.

다만, 얻고자 하는 효과가 무엇인지에 따라 참석대상이 달라질 수 있다.

- 단순히 전략을 도출하는 것이 목적이라고 하면 간부(임원) 위주로 20~30명 수준이 적당하다. 회사 규모가 크다고 반드시 많은 사람이 모일 필요는 없다. 핵심적인 의사결정이 가능한 임원일 경우 가장 효과적이다.
- 교육과 전략공유의 효과까지 기대한다고 할 경우 대규모의 인원으로 진행되는 것이 바람직하다. 약 200명 수준까지 진행이 가능하다. 다만 이 경우 많은 조가 구성되기 때문에 Facilitator의 수를 확보하는 것이 필요하다.

Workshop 주의사항

- 각 조의 인원은 5명을 넘지 않도록 한다. 5명을 초과할 경우 무임승차 인원이 발생되며, 의견을 조율하는 데에 많은 시간이 소요되게 된다.
- Workshop 시작과 종료 시에 반드시 CEO의 격려가 이루어져야 한다. 본 Workshop의 중요성을 피력하여 참가자들을 동기부여하는 것이 효과적이다.
- Workshop 일정은 최대한 세세하게(30분~1시간 단위) 정의하여 운영될 수 있도록 해야 한다. 다만 각 분석 Tool별 종료 시간은 수행수준을 감안하여 유연하게 운영하되 Workshop 종료 시간은 반드시 지킬 수 있도록 해야 한다.

01

Issue Tree

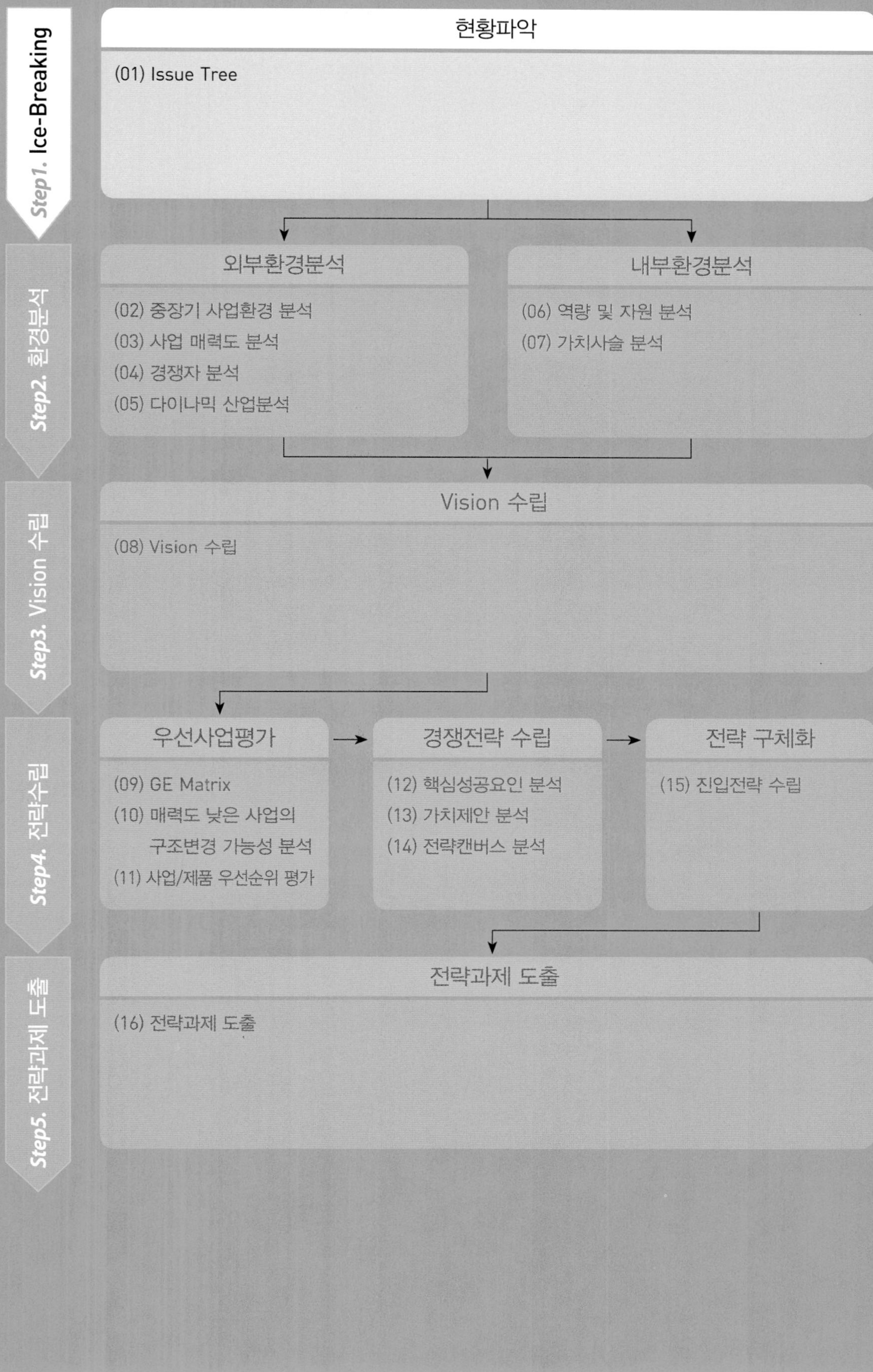
Step1. Ice-Breaking
현황파악
(01) Issue Tree
Step2. 환경분석
외부환경분석
(02) 중장기 사업환경 분석
(03) 사업 매력도 분석
(04) 경쟁자 분석
(05) 다이나믹 산업분석
내부환경분석
(06) 역량 및 자원 분석
(07) 가치사슬 분석
Step3. Vision 수립
Vision 수립
(08) Vision 수립
Step4. 전략수립
우선사업평가
(09) GE Matrix
(10) 매력도 낮은 사업의 구조변경 가능성 분석
(11) 사업/제품 우선순위 평가
경쟁전략 수립
(12) 핵심성공요인 분석
(13) 가치제안 분석
(14) 전략캔버스 분석
전략 구체화
(15) 진입전략 수립
Step5. 전략과제 도출
전략과제 도출
(16) 전략과제 도출

01 Issue Tree

Issue Tree는 "중복되지 않고, 빠짐없이" 란 주요항목을 논리적인 Tree 형태로 분석한 것으로 특정 문제와 관련한 진단, 현상파악, 해결안 도출 등에 사용되는 분석 Tool이다.

왜 써야 하는가

- 모든 회사는 연간 사업계획을 작성한다. 이때 일반적으로 범하는 오류는 전년도 사업계획달성수준과 관련한 고민 없이 전년도 사업계획을 일부 수정하는 형태로 당해 사업계획이 작성되는 것이다. 성과를 초과달성하든, 미달하였든 그 이유를 분석하고 이를 강화 혹은 개선하는 형태로 사업계획이 세워져야 한다.
- Issue Tree를 활용하여 사업계획 작성 시 전년도 사업계획달성수준에 대한 고민을 할 수 있도록 유도한다. 비단 사업계획뿐 아니라 Issue 발생 시 그에 따른 개선책을 도출하고자 할 때, Root Cause를 찾기 위해 사용한다

어떻게 써야 하는가

- Root Cause를 분석할 Issue를 정한다. Issue는 Workshop을 주관하는 부문에서 지정하여 각 조에 배분하는 방법과 조별 자체적으로 Issue를 정하는 방법이 있다.
- Issue를 정한 후 해당 Issue를 발생시키는 원인을 [전략], [조직구조], [리더십], [조직문화], [시스템 인프라] 등과 같이 '조직을 구성하고 움직이는 일반적인 범주'에서 정의한다.
- 도출된 원인에 대해 더욱 구체적으로 해당 원인을 발생시킨 원인을 분석한다.
- 궁극적으로 도출된 원인은 조직 차원에서 구체적으로 Action을 취할 수 있는 형태로 도출되어야 한다. 예를 들어 [리더십] 차원의 문제가 있으며 하위 원인으로 [리더들이 일을 하기 싫어한다]가 도출되었더라도 여기서 그치지 않고 왜 일하기 싫어하는지를 고민하여 [리더들이 일을 열심히 해도 그에 따른 보상이 전혀 없다]라는 구체적인 원인을 도출하여 [리더들에 대한 보상방안 마련]과 같은 Action을 제시할 수 있도록 해야 한다.

주의할 것은 무엇인가

- 논의를 주도적으로 이끌어 갈 리더가 필요하다. 논의를 통해 도출되는 내용상의 인과관계 오류를 지적하며, 원인들 간의 Level 수준을 정의해 나가야만 주어진 시간 내 유의미한 Issue Tree 작성이 가능하다.
- Issue에 대한 원인들이 조직 내에서 이미 공론화된 내용으로 구성될 수 있다. 깊은 고민 없이 이미 회자되고 있는 현상으로 원인이 도출된다면 본 Tool을 활용하더라도 유의미한 결과를 얻을 수 없다. 알고 있었던 내용의 확인 시간이 될 뿐이다.
- 논의를 적절히 이끌고 원인을 깊이 있게 고민할 수 있도록 Facilitating할 외부 전문가를 두거나 Workshop 주관부서 인력이 Facilitator 역할을 수행하도록 배치하는 것이 바람직하다.

작성 예시

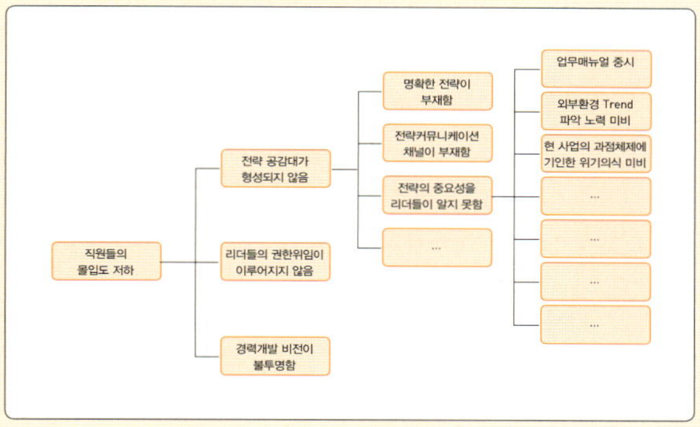
직원들의
몰입도 저하
전략 공감대가
형성되지 않음
리더들의 권한위임이
이루어지지 않음
경력개발 비전이
불투명함
명확한 전략이
부재함
전략커뮤니케이션
채널이 부재함
전략의 중요성을
리더들이 알지 못함
...
업무매뉴얼 중시
외부환경 Trend
파악 노력 미비
현 사업의 과점체제에
기인한 위기의식 미비
...
...
...
...

01 Issue Tree

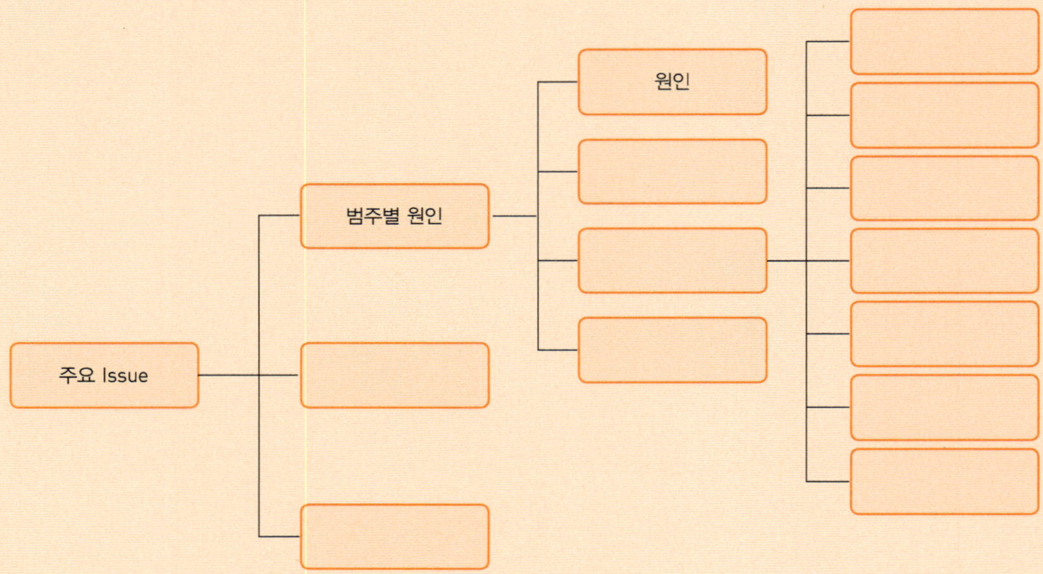

- 원인을 분석할 주요 Issue를 가장 왼쪽에 작성한다.
- 각 범주별 원인을 작성한다. 범주명을 적는 것이 아니라, 해당 범주에 속하는 원인을 작성한다.
- 범주별 원인을 일으키는 하위 원인을 작성한다. 이때 하위 원인은 반드시 해당 범주에 속할 필요는 없다. 예를 들어 리더십 범주라 할지라도 조직구조, 제도 등의 타 범주에서 원인이 있을 수 있다.
- 하위 원인의 세부 원인을 지속적으로 작성할 수 있다.

Facilitator Tip

- 지나치게 추상적으로 작성되지 않도록 유도한다.
- 단순히 대상(예: 리더십)을 적지 않고, Issue 내용(예: 의사결정이 느림)까지 포함하여 작성할 수 있도록 한다.

01 Issue Tree: 예시

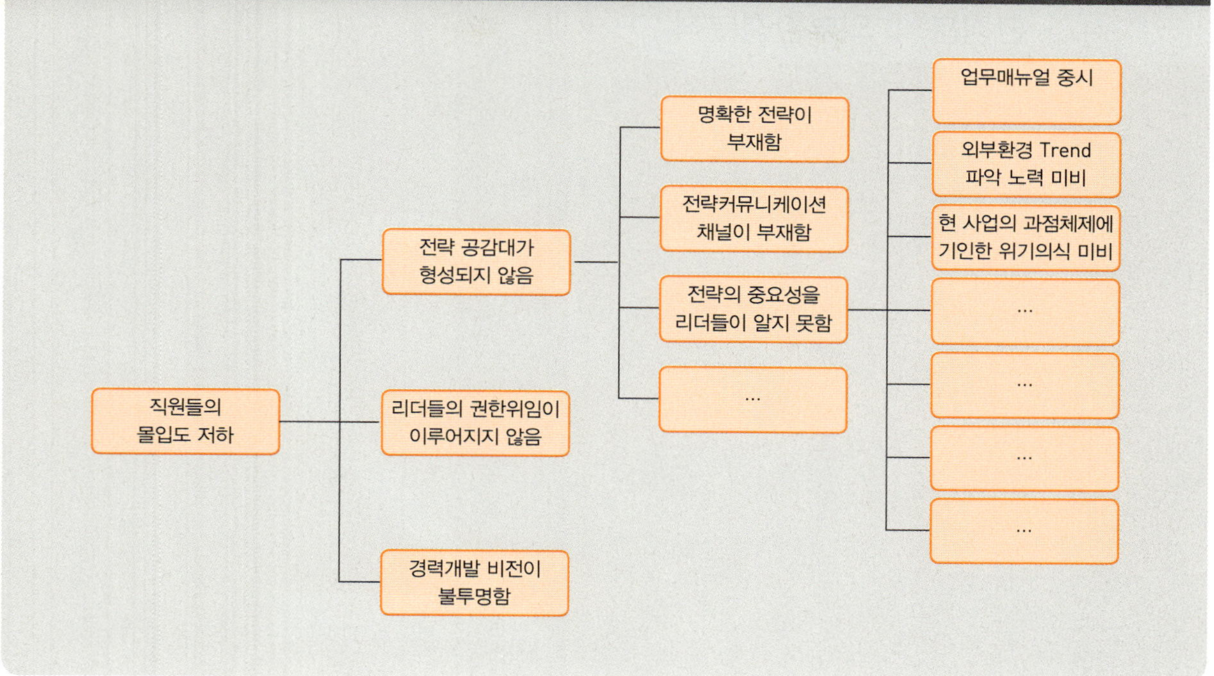

Facilitator Tip

- Issue Tree의 형태뿐만 아니라 다른 형태도 표현될 수 있다. 예를 들면, 카오루 이시카와가 고안한 Fish Born Diagram이나, Mind Map의 형태로도 가능하다. 중요한 것은 "중복되지 않고, 빠짐없이" Issue에 대한 원인을 구체적으로 나열해보는 것이다.

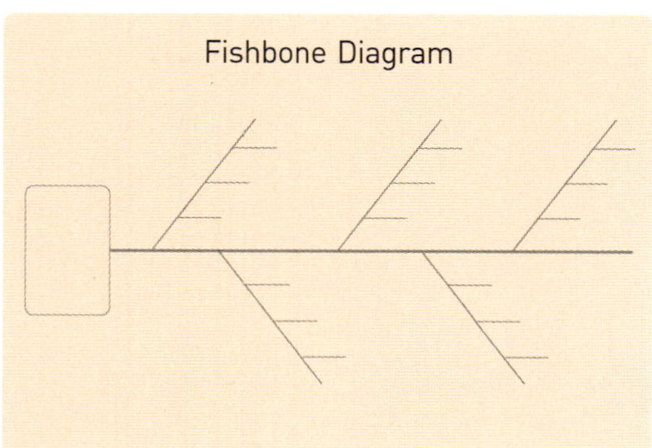

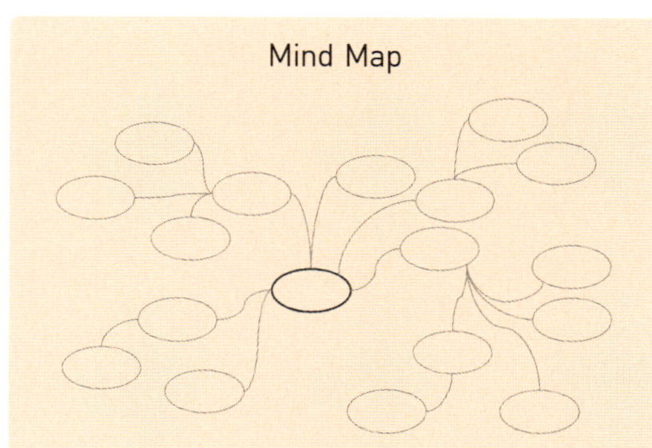

02

중장기 사업환경 분석

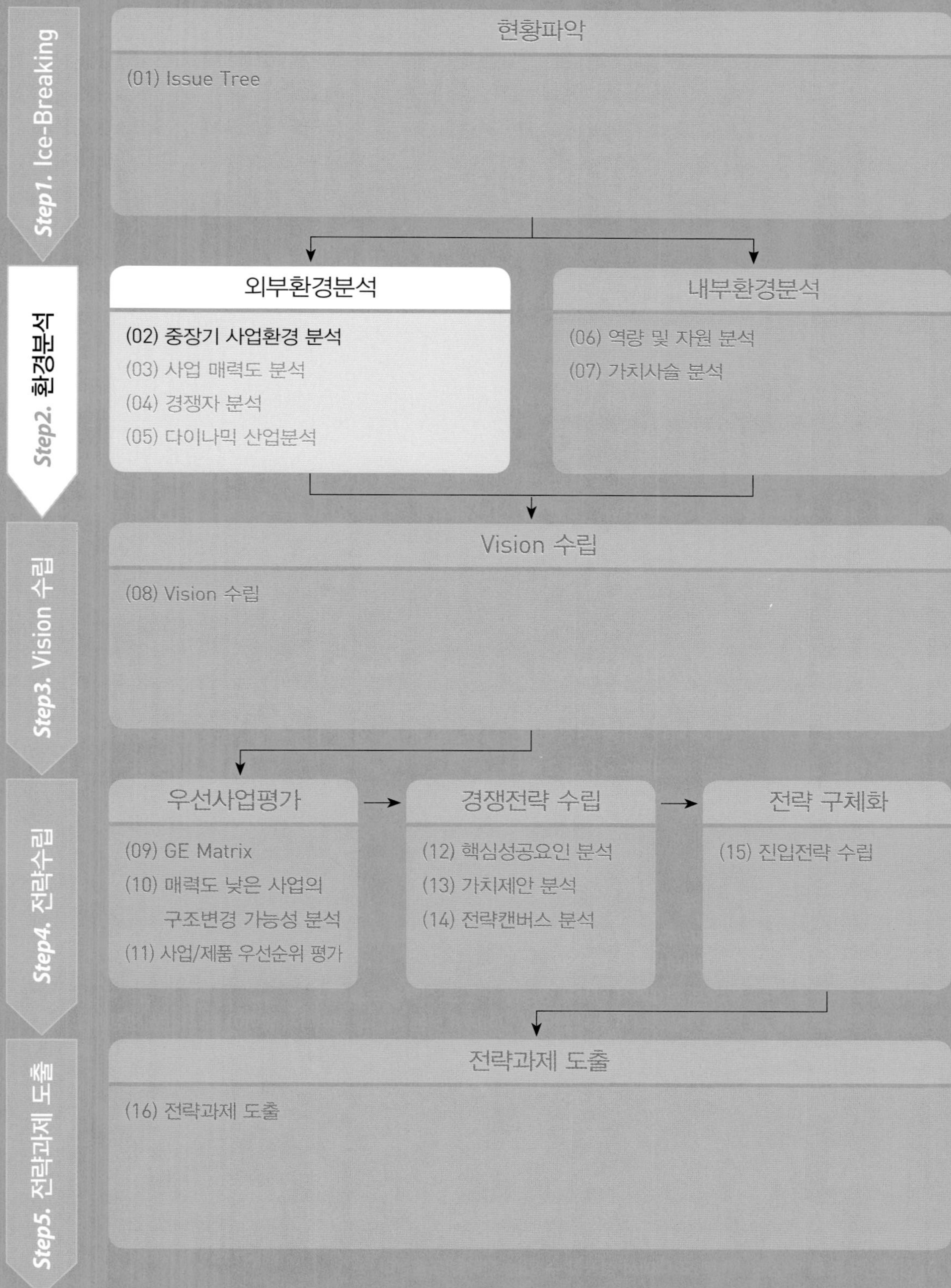
Step1. Ice-Breaking
현황파악
(01) Issue Tree
Step2. 환경분석
외부환경분석
(02) 중장기 사업환경 분석
(03) 사업 매력도 분석
(04) 경쟁자 분석
(05) 다이나믹 산업분석
내부환경분석
(06) 역량 및 자원 분석
(07) 가치사슬 분석
Step3. Vision 수립
Vision 수립
(08) Vision 수립
Step4. 전략수립
우선사업평가
(09) GE Matrix
(10) 매력도 낮은 사업의 구조변경 가능성 분석
(11) 사업/제품 우선순위 평가
경쟁전략 수립
(12) 핵심성공요인 분석
(13) 가치제안 분석
(14) 전략캔버스 분석
전략 구체화
(15) 진입전략 수립
Step5. 전략과제 도출
전략과제 도출
(16) 전략과제 도출

02 중장기 사업환경 분석

일종의 시나리오 분석기법에 해당하는데, 현 시점에서 향후 3년 내지 5년을 상정하여 미래시점에서 여러 가지 사건들을 이미 발생한 것처럼 서술함으로써 향후 전략개발의 기초로 삼으려는 방법이다. 여기서는 산업(Industry)이라는 용어를 쓰기는 했으나 산업 자체를 분석하는 것이 목적이 아니라, 어떤 산업의 배경이 되는 전반적인 정치, 경제, 사회, 문화, 기술 환경 등을 예측함으로써 향후 산업환경이 어떤 맥락에서 전개될 것인지를 예측하는 것이다.

왜 써야 하는가

- 시나리오 분석의 가장 큰 요점은 복수의 미래환경을 동시에 상정하고 그에 맞는 복수의 전략을 운영하는 것이다. 보통 전략수립의 경우는 가장 가능성 있는 한 가지 환경을 상정하고 그에 맞는 한 가지 전략을 준비한다. 그러나, 미래가 정확하게 어떻게 펼쳐질지는 아무도 예측할 수 없다. 오히려, 한 가지 전략 시나리오를 가지게 되면 환경변화에도 불구하고 한 가지 방향에만 집착을 하게 되어 잘못된 전략을 현실화시키는 자기충족적 예언(Self-fulfilling Prophecy)의 부작용을 낳게 될 수도 있다.
- 중장기 사업환경 분석을 통해 4~5개의 약간은 극단적이나 가능성 있는 외부환경 시나리오를 도출하여 외부환경 변화에 대한 공감대를 형성할 수 있다. 또한 각 시나리오별 대응방안을 모색해 봄으로써 외부환경에 재빠르게 대응할 수 있는 기반을 마련할 수 있다.

어떻게 써야 하는가

- 중장기 사업환경 분석은 첫째, 사건(Event)들과 시나리오(Endstate)를 사전에 작성하는 경우와 둘째, Workshop 때 작성하는 경우로 구분할 수 있다. 사건과 시나리오를 사전에 작성하는 경우 중장기 사업환경 분석을 통해 얻을 수 있는 효과가 극대화되니 이를 권장한다. 다만, 인력 및 시간이 부족할 경우 간략하게 시행할 수밖에 없는데, 이때는 고도로 숙달된 Facilitator가 필요하다.

사전 작성 경우

- 총 5개의 과제로 구성된다.
  1) 통념(Conventional Wisdom)투표: 주어진 시나리오들을 숙지한 후 사건의 발생 가능성에 대해 투표한다.
  2) 시나리오 분석: 조별로 할당된 시나리오를 검토한다.
  3) 성공전략 도출: 주어진 시나리오의 환경에서 당사가 성공할 수 있는 전략을 도출한다.
  4) 핵심사건 정의: 주어진 시나리오가 일어나기 위해 반드시 일어나야 하는 사건과 일어나지 말아야 할 사건을 선정한다.
  5) 종합구조도(Composition Drawing) 그리기: 시나리오들 중 향후 발생가능한 가상 시나리오 구성을 위해 필요한 부분을 발췌하여 조합한다.

Workshop 내 작성 경우

- 총 3개의 과제로 구성된다.
  1) 사건 작성: 향후 2~3년 내 발생 가능한 정치, 경제, 사회/문화, 법/규제, 기술, 산업의 사건들을 작성한다.
  2) 시나리오 작성: 향후 2~3년 내 발생 가능한 시나리오를 작성한다.
  3) 성공전략 도출: 작성한 시나리오 내에서 성공할 수 있는 전략을 도출한다.

주의할 것은 무엇인가

- 과제 수행 시 시간이 조금은 부족한 수준으로 주어져야 한다. 또한 지속적으로 남은 시간을 알려줌으로써 긴장감을 가진 상황에서 과제를 수행할 수 있도록 한다. 작성 시간이 여유 있을 경우 자칫 Workshop 분위기가 느슨해질 수 있다.
- [Workshop 내 작성]의 경우 평소 공론화되었던 내용들만으로 사건이 구성될 수 있다. 이에 성공전략 또한 낯설지 않은 결과가 도출될 수 있으므로 사건 구성 시 포괄적인 사고를 유도할 필요가 있다.

작성 예시

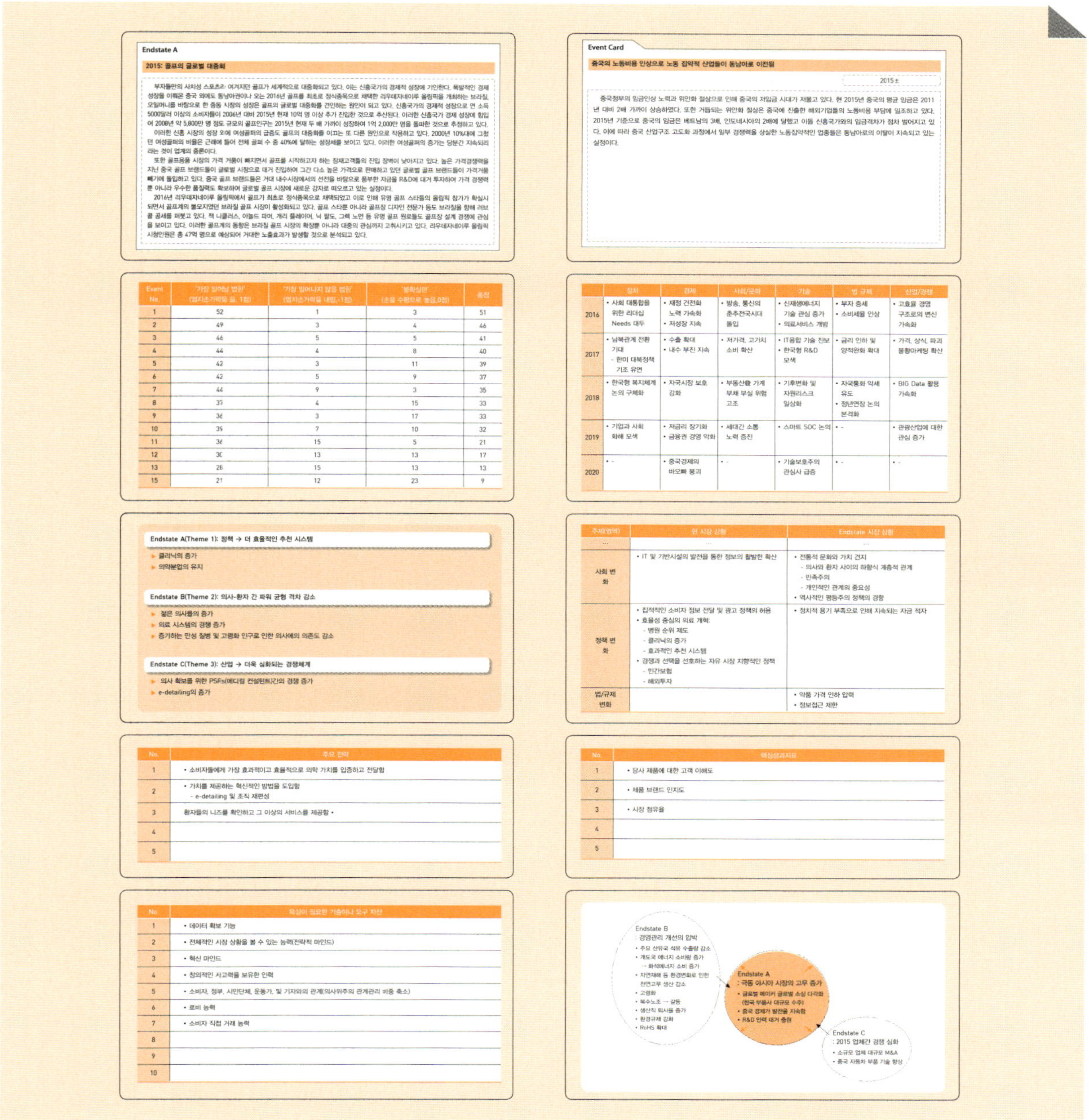

02 중장기 사업환경 분석: Endstate 작성

Endstate A

Endstate 주요 테마

Endstate 내용

- Workshop 주관 부서 혹은 외부 전문가가 Workshop 사전에 작성하는 것이 바람직하다.
- 사전 작성이 어려울 경우 Workshop 과제로 수행하도록 하며 본 시나리오가 중장기 사업환경 분석의 결과물이 된다.
- 사전 작성일 경우와 Workshop 내 작성일 경우 시나리오 작성 방향성이 달라진다

사전 작성

- 4~5개의 약간은 극단적이나 가능성이 있는 시나리오들을 만들어 내는 것이 중요하다. 최선의 시나리오(Best Case Scenario) 혹은 최악의 시나리오(Worst Case Scenario)는 최대한 피한다.
- 회사 내부의, 그리고 외부 각 분야의 다양한 전문가들과의 인터뷰를 가장 중요한 자료로 삼는다. 그 외에, 객관적인 자료나 조사를 첨가한다.

Workshop 내 작성

- 조원들이 작성한 사건들을 조합하여 발생 가능한 시나리오를 작성한다.

Facilitator Tip

- Workshop 내 작성 시, Event Card를 먼저 작성하고, 연도별 정치, 경제 등의 사건을 파악한 후 본 Endstate를 작성하도록 한다.

02 중장기 사업환경 분석: Endstate 작성 예시

Endstate A

2015: 골프의 글로벌 대중화

부자들만의 사치성 스포츠라 여겨지던 골프가 세계적으로 대중화되고 있다. 이는 신흥국가의 경제적 성장에 기인한다. 폭발적인 경제 성장을 이뤄온 중국 외에도 동남아권이나 오는 2016년 골프를 최초로 정식종목으로 채택한 리우데자네이루 올림픽을 개최하는 브라질, 오일머니를 바탕으로 한 중동 시장의 성장은 골프의 글로벌 대중화를 견인하는 원인이 되고 있다. 신흥국가의 경제적 성장으로 연 소득 5000달러 이상의 소비자들이 2006년 대비 2015년 현재 10억 명 이상 추가 진입한 것으로 추산된다. 이러한 신흥국가 경제 성장에 힘입어 2008년 약 5,800만 명 정도 규모의 골프인구는 2015년 현재 두 배 가까이 성장하여 1억 2,000만 명을 돌파한 것으로 추정하고 있다.

이러한 신흥 시장의 성장 외에 여성골퍼의 급증도 골프의 대중화를 이끄는 또 다른 원인으로 작용하고 있다. 2000년 10%대에 그쳤던 여성골퍼의 비율은 근래에 들어 전체 골퍼 수 중 40%에 달하는 성장세를 보이고 있다. 이러한 여성골퍼의 증가는 당분간 지속되리라는 것이 업계의 중론이다.

또한 골프용품 시장의 가격 거품이 빠지면서 골프를 시작하고자 하는 잠재고객들의 진입 장벽이 낮아지고 있다. 높은 가격경쟁력을 지닌 중국 골프 브랜드들이 글로벌 시장으로 대거 진입하여 그간 다소 높은 가격으로 판매하고 있던 글로벌 골프 브랜드들이 가격거품 빼기에 돌입하고 있다. 중국 골프 브랜드들은 거대 내수시장에서의 선전을 바탕으로 풍부한 자금을 R&D에 대거 투자하여 가격 경쟁력뿐 아니라 우수한 품질력도 확보하여 글로벌 골프 시장에 새로운 강자로 떠오르고 있는 실정이다.

2016년 리우데자네이루 올림픽에서 골프가 최초로 정식종목으로 채택되었고 이로 인해 유명 골프 스타들의 올림픽 참가가 확실시되면서 골프계의 불모지였던 브라질 골프 시장이 활성화되고 있다. 골프 스타뿐 아니라 골프장 디자인 전문가 등도 브라질을 향해 러브콜 공세를 퍼붓고 있다. 잭 니클러스, 아놀드 파머, 개리 플레이어, 닉 팔도, 그렉 노먼 등 유명 골프 원로들도 골프장 설계 경쟁에 관심을 보이고 있다. 이러한 골프계의 동향은 브라질 골프 시장의 확장뿐 아니라 대중의 관심까지 고취시키고 있다. 리우데자네이루 올림픽 시청인원은 총 47억 명으로 예상되어 거대한 노출효과가 발생할 것으로 분석되고 있다.

02 중장기 사업환경 분석: Event 작성

Event Card

Event 제목
연도
Event 내용

- 특정 연도를 전후하여 발생할 것으로 예상되는 특정 사건이다. 물론 미래시점에서 뒤를 돌아다보며 쓴 것처럼 이미 발생한 시제로 서술한다. 그 결과 정치, 경제, 문화, 사회, 산업 그리고 필요에 따라서는 회사 내부의 상황과 관련한 사건들을 100개 가량 만들어 내고, 사건 목록을 만든다.
- 각 사건에는 신문의 헤드라인과 같은 간략한 제목을 붙인다. 그리고, 간략한 설명을 포함시킨다. 제목은 '누가 무엇을 했는가', '무슨 일이 일어났는가' 하는 식으로 표현하도록 한다.
- 사건은 산업 내 이해관계자들(예: 정부, 경쟁자, 고객, 노조, 지역사회 등)이 촉발하는 것이어야 하며 가급적 전쟁이나 다른 천재지변에 의해 발생하는 것들은 제외시킨다.
- 마지막으로 그 사건이 발생할 것으로 예상되는 연도를 ±1년의 오차로 표시하여 첨가한다.
- 사건 설명은 사건이 일어나게 된 배경과 그로 인한 영향을 간단하게 작성한다.

Facilitator Tip

- 이미 발생하리라 확정된 사건들뿐 아니라, 주기성으로 보았을 때 발생할 가능성이 높은 사건들도 과감히 선택해 본다.
- 발생 가능한 시점을 작성하고 ±1년의 간격을 둔다. 이때 미래의 예측력을 한껏 높이도록 유도한다.

02 중장기 사업환경 분석: Event 작성 예시

Event Card

중국의 노동비용 인상으로 노동 집약적 산업들이 동남아로 이전됨

2015±

중국정부의 임금인상 노력과 위안화 절상으로 인해 중국의 저임금 시대가 저물고 있다. 현 2015년 중국의 평균 임금은 2011년 대비 2배 가까이 상승하였다. 또한 거듭되는 위안화 절상은 중국에 진출한 해외기업들의 노동비용 부담에 일조하고 있다. 2015년 기준으로 중국의 임금은 베트남의 3배, 인도네시아의 2배에 달했고 이들 신흥국가와의 임금격차가 점차 벌어지고 있다. 이에 따라 중국 산업구조 고도화 과정에서 일부 경쟁력을 상실한 노동집약적인 업종들은 동남아로의 이탈이 지속되고 있는 실정이다.

02 중장기 사업환경 분석: 통념투표

Event No.	'가장 일어날 법한' (엄지손가락을 듦, 1점)	'가장 일어나지 않을 법한' (엄지손가락을 내림, -1점)	'불확실한' (손을 수평으로 놓음, 0점)	총점
1				
2				
3				
4				
5				
6				
7				
8				
9				
10				
11				
12				
13				
14				

- 각 사건에 대해 조별로 투표를 한다. 사회자가 사건 제목을 읽어준 후 같은 시기에 엄지 손가락을 사용하여 투표를 하도록 한다. 이때 각 조별 1인은 투표 결과를 기록하도록 한다.
- 투표 결과 정리 Sheet은 조당 1개씩 컴퓨터가 준비되어 있을 경우 파일로 준비하도록 하며, 컴퓨터가 준비되어 있지 않을 경우 수기로 기록할 수 있도록 Paper Sheet을 제공한다.
- 모든 통념투표가 종료되면 Workshop 주관부서는 조별 투표 결과를 종합하여 최종 결과를 공유하도록 한다.

Facilitator Tip

- 조원 중 1명에게 사건을 부르도록 하며, 각 사건별 투표 결과를 실시간으로 작성해야 한다. 그래야 Workshop에 소요되는 시간을 절약할 수 있다.
- 자동적으로 점수 산정이 될 수 있는 Excel Sheet를 준비하는 것이 좋다.

02 중장기 사업환경 분석: 통념투표 예시

Event No.	'가장 일어날 법한' (엄지손가락을 듦, 1점)	'가장 일어나지 않을 법한' (엄지손가락을 내림, -1점)	'불확실한' (손을 수평으로 놓음, 0점)	총점
1	52	1	3	51
2	49	3	4	46
3	46	5	5	41
4	44	4	8	40
5	42	3	11	39
6	42	5	9	37
7	44	9	3	35
8	37	4	15	33
9	36	3	17	33
10	39	7	10	32
11	36	15	5	21
12	30	13	13	17
13	28	15	13	13
14	21	12	23	9

02 중장기 사업환경 분석

	정치	경제	사회/문화	기술	법 규제	산업/경쟁
2016						
2017						
2018						
2019						
2020						

- 파악된 사건들을 한눈에 보기에 용이하게 핵심 단어 중심으로 매트릭스에 배치시키고 큰 흐름이나 트렌드가 보이는지 판단해 본다.
- 매트릭스에 나열된 사건들을 보면서 서로 연관된 사건들을 묶어 보면, 향후 5년 간의 환경을 결정하는 어떤 흐름(테마)들이 보이게 된다.
- Workshop 사전에 시나리오를 작성하지 않았다면, 본 매트릭스 내용을 정리하여 다음의 분석에 활용한다.
- Workshop 사전에 시나리오가 작성되어 있다면, 본 매트릭스 내용을 참고하여 다음의 분석에 활용한다.

Facilitator Tip

- A4 용지 크기에 그릴 경우 글씨가 너무 작아지므로, 스케치북이나 큰 화이트보드 등에 정리한다.

02 중장기 사업환경 분석: 예시

	정치	경제	사회/문화	기술	법 규제	산업/경쟁
2016	• 사회 대통합을 위한 리더십 Needs 대두	• 재정 건전화 노력 가속화 • 저성장 지속	• 방송, 통신의 춘추전국시대 돌입	• 신재생에너지 기술 관심 증가 • 의료서비스 개방	• 부자 증세 • 소비세율 인상	• 고효율 경영 구조로의 변신 가속화
2017	• 남북관계 전환 기대 - 한미 대북정책 기조 유연	• 수출 확대 • 내수 부진 지속	• 저가격, 고가치 소비 확산	• IT융합 기술 진보 • 한국형 R&D 모색	• 금리 인하 및 양적완화 확대	• 가격, 상식, 파괴 불황마케팅 확산
2018	• 한국형 복지체계 논의 구체화	• 자국시장 보호 강화	• 부동산發 가계 부채 부실 위험 고조	• 기후변화 및 자원리스크 일상화	• 자국통화 약세 유도 • 정년연장 논의 본격화	• BIG Data 활용 가속화
2019	• 기업과 사회 화해 모색	• 저금리 장기화 • 금융권 경영 악화	• 세대간 소통 노력 증진	• 스마트 SOC 논의	• -	• 관광산업에 대한 관심 증가
2020	• -	• 중국경제의 바오빠 붕괴	• -	• 기술보호주의 관심사 급증	• -	• -

02 중장기 사업환경 분석

Endstate A(Theme 1): 주요 테마 작성

▶ 주요 테마를 구성하는 Event 작성

Endstate B(Theme 2):

▶

Endstate C(Theme 3):

▶

사전 작성

• 작성된 시나리오를 숙지할 수 있도록 각 시나리오별 주제 및 내용을 간략하게 정리할 수 있도록 한다.

Workshop 내 작성

• 앞서 작성한 매트릭스 내용을 참고하여 향후 5년 간의 환경을 결정하는 어떤 흐름(테마)들을 작성하도록 한다.

Facilitator Tip

• 본 활동은 시간을 넉넉히 할당하지 않아도 무방하다. 지금껏 정리한 사건 및 시나리오를 간단하게 요약할 수 있도록 지원한다.

02 중장기 사업환경 분석: 예시

Endstate A(Theme 1): 정책 → 더 효율적인 추천 시스템

- 클리닉의 증가
- 의약분업의 유지

Endstate B(Theme 2): 의사-환자 간 파워 균형 격차 감소

- 젊은 의사들의 증가
- 의료 시스템의 경쟁 증가
- 증가하는 만성 질병 및 고령화 인구로 인한 의사에의 의존도 감소

Endstate C(Theme 3): 산업 → 더욱 심화되는 경쟁체계

- 의사 확보를 위한 PSRs(메디컬 컨설턴트)간의 경쟁 증가
- e-detailing의 증가

02 중장기 사업환경 분석

주제(영역)	현 시장 상황	Endstate 시장 상황
정치 변화		
경제 변화		
사회/문화 변화		
기술 변화		
법/규제 변화		

- 주어진 시나리오 중 조별로 특정 시나리오를 할당한 후 해당 시나리오의 상황과 현 상황을 비교할 수 있도록 한다.
- 좌측의 카테고리는 정치, 경제, 사회/문화, 기술, 법/규제 등 일반적인 범주에서 자유롭게 기재하여 작성할 수 있도록 한다.

Facilitator Tip

- 시나리오를 3가지 이상 작성한 경우, 각 조별로 특정 시나리오를 제시하여 본 템플릿을 작성하게 한다.
- 다만, 시나리오를 한 가지만 작성하였을 경우에는 모든 조가 동일한 내용을 대상으로 본 템플릿을 작성한다.

02 중장기 사업환경 분석: 예시

주제(영역)	현 시장 상황	Endstate 시장 상황
…	…	…
사회 변화	• IT 및 기반시설의 발전을 통한 정보의 활발한 확산	• 전통적 문화와 가치 견지 - 의사와 환자 사이의 하향식 계층적 관계 - 민족주의 - 개인적인 관계의 중요성 • 역사적인 평등주의 정책의 경향
정책 변화	• 집적적인 소비자 정보 전달 및 광고 정책의 허용 • 효율성 중심의 의료 개혁: - 병원 순위 제도 - 클리닉의 증가 - 효과적인 추천 시스템 • 경쟁과 선택을 선호하는 자유 시장 지향적인 정책 - 민간보험 - 해외투자	• 정치적 용기 부족으로 인해 지속되는 자금 적자
법/규제 변화		• 약품 가격 인하 압력 • 정보접근 제한

02 중장기 사업환경 분석

No.	주요 전략
1	
2	
3	
4	
5	

- 주어진 시나리오(Endstate) 상황에 대응하기 위해 수행하여야 하는 주요 전략을 도출한다.
- 전략은 기업전략, 사업전략, 기능전략을 포함하되 기능전략 수준의 전략까지 반드시 도출할 수 있도록 한다.
- 기업전략은 기업전체가 나아갈 방향을 결정짓는 문제로 성장·확장할 것인가(성장전략: Growth), 안정을 추구하며 현재의 기업을 정리·정돈할 것인가(안정전략: Stability), 축소할 것인가(축소전략: Retrenchment)를 결정하는 것이다. 그러다 보니 기업전략은 기업이 사업을 수행할 영역을 결정하는 것이기도 하다.*
- 사업전략은 기업전략이 정한 각각의 사업영역에서 "어떻게 경쟁을 할 것인가"를 결정짓는 것으로 그 때문에 경쟁전략(Competitive Strategy)이라고도 한다. 특정 산업마다 다른 경쟁자와 대면하게 되므로 획일적인 전략이 다른 사업단위(Business Units)나 사업부(Division)에 동일하게 적용될 수 없다. 여러 가지 경쟁전략이 있겠지만 결국은 저원가로 경쟁할 것인가, 차별화로 경쟁할 것인가 하는 문제로 집약될 수 있다.*
- 기능전략은 사업전략 등 상위전략을 효과적으로 뒷받침해 줄 수 있도록 각 사업부나 부서 내에서 각 기능이 얼마나 효율적으로 수행될 것인가가 초점이다. 각종 기능 뒤에 전략이 붙는 마케팅전략, 재무전략, 생산전략, 인사전략 등이 그 예다.*

Facilitator Tip

- 본 템플릿은 금번 Workshop을 통해 도출하고자 하는 전략 단위를 위주로 작성할 수 있으나, 기업전략부터 모든 레벨의 전략을 도출하고 싶을 경우 왼쪽의 항목을 기업전략, 사업전략, 기능전략 단위로 구분할 수도 있다.

* TOP을 위한 전략경영(박영사, 2007) 참고.

02 중장기 사업환경 분석: 예시

No.	주요 전략
1	• 소비자들에게 가장 효과적이고 효율적으로 의학 가치를 입증하고 전달함
2	• 가치를 제공하는 혁신적인 방법을 도입함 - e-detailing 및 조직 재편성
3	• 환자들의 니즈를 확인하고 그 이상의 서비스를 제공함
4	
5	

02 중장기 사업환경 분석

No.	핵심성과지표
1	
2	
3	
4	
5	

- 앞서 도출된 전략을 달성하기 위해 반드시 확인해야만 하는 성과지표를 도출한다.

Facilitator Tip

- 본 성과지표 또한 앞서 작성된 전략과 연계하여 작성되어야 한다. 즉, 기업전략의 달성 여부를 판단할 수 있는 기업 성과지표와 사업 성과지표, 기능 성과지표를 분리하여 도출할 수 있다.

02 중장기 사업환경 분석: 예시

No.	핵심성과지표
1	• 당사 제품에 대한 고객 이해도
2	• 제품 브랜드 인지도
3	• 시장 점유율
4	
5	

02 중장기 사업환경 분석

No.	육성이 필요한 기술이나 요구 자산
1	
2	
3	
4	
5	
6	
7	
8	
9	
10	

- 전략 달성을 위해 반드시 필요하나 현재 수준에서는 육성 혹은 개발이 필요한 자원을 기재한다.

Facilitator Tip

- 인적 역량(인원 수, 역량 수준), 인프라, 제도 등 전략 달성을 위해 지원되어야 할 모든 자원을 기재할 수 있도록 한다.

02 중장기 사업환경 분석: 예시

No.	육성이 필요한 기술이나 요구 자산
1	• 데이터 확보 기능
2	• 전체적인 시장 상황을 볼 수 있는 능력(전략적 마인드)
3	• 혁신 마인드
4	• 창의적인 사고력을 보유한 인력
5	• 소비자, 정부, 시민단체, 운동가, 및 기자와의 관계(의사 위주의 관계관리 비중 축소)
6	• 로비 능력
7	• 소비자 직접 거래 능력
8	
9	
10	

02 중장기 사업환경 분석: 통념투표

Sunflower Model

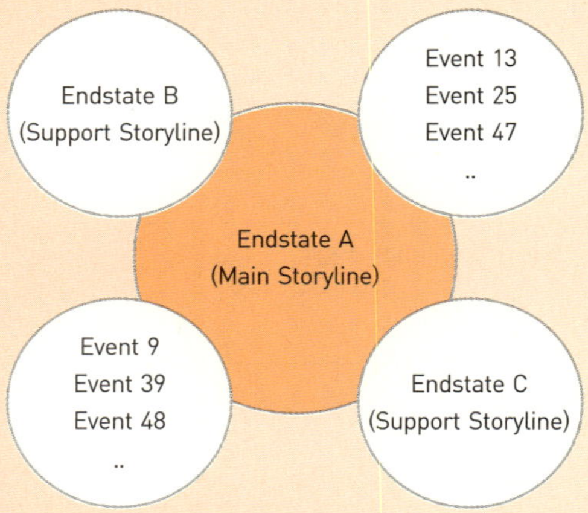

• 중심 축으로서의 Endstate A

세력 간의 줄다리기

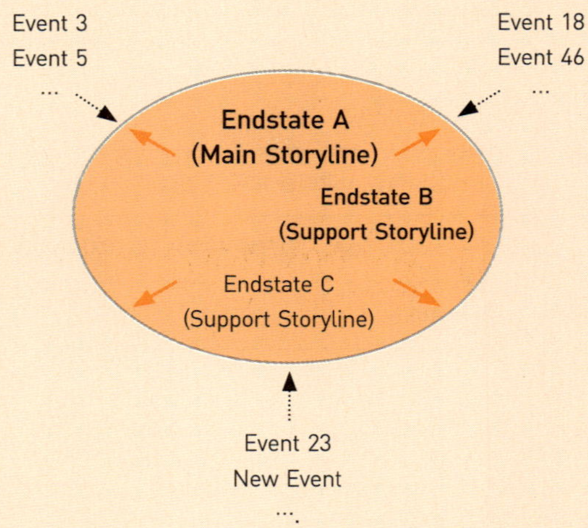

• 주장의 요지로서의 Endstate A

- 각 조별로 할당되었던 모든 시나리오(Endstate)를 통합하여 하나의 시나리오를 다시 만들게 하고, 그렇게 만들어지는 통합 시나리오 사이에 어떤 차이점들이 있는지 비교분석한다.
- 최종적으로는, 시나리오들을 기준으로 향후 몇 년간 집중적으로 관리해야 할 이슈들을 선정한다.
- 이 과정에서 던지고 답해야 할 중요한 질문들은 다음과 같다:
  1) 향후 가능한 사건들을 개발하여 만든 가상의 미래를 특징지을 수 있는 테마 혹은 주제어는 무엇이 될 것인가?
  2) 따라서, 미래의 환경은 오늘의 상황과 어떤 부분에서 어떻게 다를 것인가?
  3) 미래 상황에서 성과를 내는 기업이 있다면, 그 기업은 무엇으로 경쟁을 하고 있을 것인가?
  즉, 그런 환경에서 살아 남고 성장하기 위해서 요구되는 능력, 기술, 역량, 인적자원 등은 무엇인가?

Facilitator Tip

- 각 조에서 할당받은 시나리오에 포함되어 있는 사건들뿐 아니라 새로 떠오른 사건들도 추가할 수 있다. 앞서 논의되었던 모든 사건들을 활용하되, 미래 환경변화를 가시적으로 표현할 수 있도록 지원한다.

02 중장기 사업환경 분석: 통념투표 예시

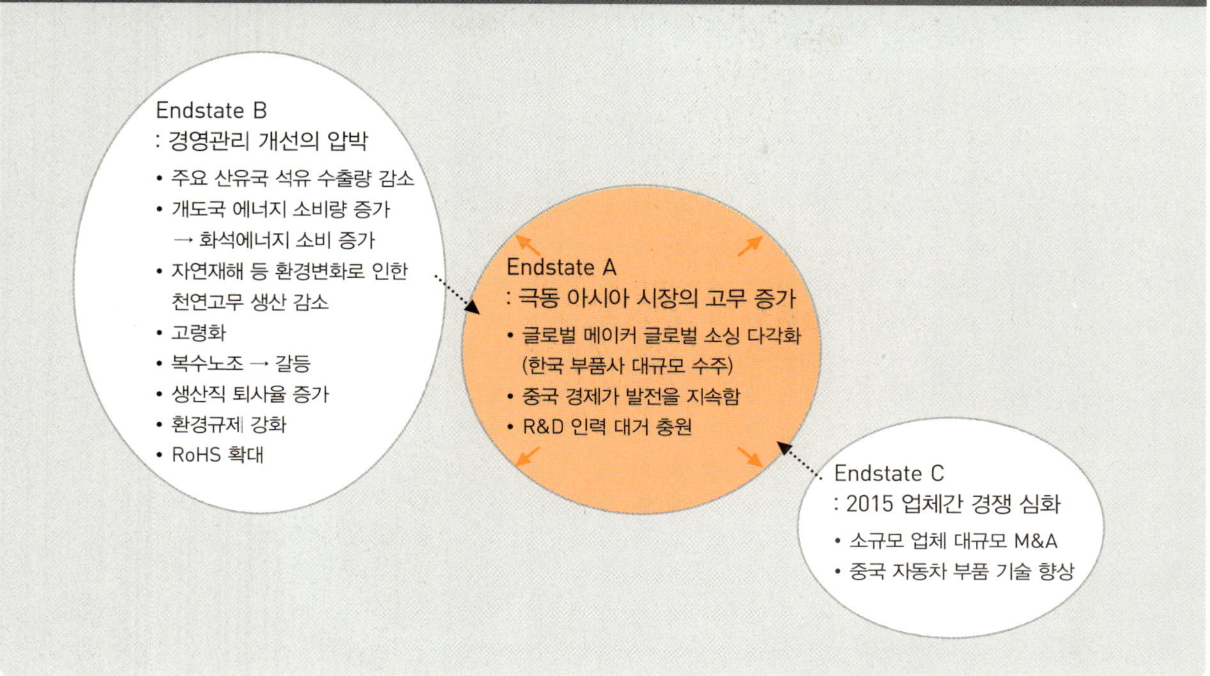

- 결론적으로, 가장 중요한 임팩트가 큰 사건들의 리스트를 만들고(긍정적, 부정적인 사건들을 포함하여 총 15개에서 20개) 계속 모니터한다.
- 예상한 연도에 예상한 사건이 발생하거나, 발생하지 않거나, 예측과 다른 형태로 발생하는지를 지속적으로 모니터하면서 전략을 필요에 따라 조정한다.

03

사업 매력도 분석

Step1. Ice-Breaking

현황파악

(01) Issue Tree

Step2. 환경분석

외부환경분석

(02) 중장기 사업환경 분석

(03) 사업 매력도 분석

(04) 경쟁자 분석

(05) 다이나믹 산업분석

내부환경분석

(06) 역량 및 자원 분석

(07) 가치사슬 분석

Step3. Vision 수립

Vision 수립

(08) Vision 수립

Step4. 전략수립

우선사업평가

(09) GE Matrix

(10) 매력도 낮은 사업의 구조변경 가능성 분석

(11) 사업/제품 우선순위 평가

경쟁전략 수립

(12) 핵심성공요인 분석

(13) 가치제안 분석

(14) 전략캔버스 분석

전략 구체화

(15) 진입전략 수립

Step5. 전략과제 도출

전략과제 도출

(16) 전략과제 도출

03 사업 매력도 분석

포터의 5-Forces Model을 기반으로 사업 매력도를 정량화하는 분석 Tool이다. 5-Forces Model에서 도출되는 위협 수준을 기준으로 위협수준이 낮을 때 해당 산업의 매력도가 높다고 보는 것이다.

왜 써야 하는가

- 본 분석 Tool을 통해 이미 운영중인 사업의 매력수준을 진단하고, 전략적 의사결정을 위한 보조자료로써 활용할 수 있다.
- 신규산업 진출 시 신규산업의 전략적 Positioning을 위해서도 활용될 수 있다.
- 무엇보다 가장 중요한 것은 사업의 매력도를 낮추는 위협요소가 무엇인지를 파악하여 대응전략을 모색해보는 것이다. 많은 사람들은 5-Forces Model 분석 후 특정 사업이 매력이 있다, 없다를 선언하는 데 그치면서, 이 Tool의 효율성이 무엇인가 의문을 제기한다. 현실적으로 현재 사업의 매력도가 낮게 나온다고 해서 그 사업을 당장 포기할 수는 없는 것이다. 이 Tool은 오히려 사업의 매력도를 낮추는 요소들이 어디에서 오는지를 파악함으로써 실질적인 대응책을 마련하는 것이 더 중요한 목적이다.

어떻게 써야 하는가

- 본 분석 Tool은 2가지 과제로 구성되어 있다.
  1) 5-Forces Model 분석: 경쟁자/공급자/구매자/잠재진입자/대체재 차원에서의 기회 및 위협요인을 검토한다.
  2) 매력도 진단: 앞서 분석된 내용을 바탕으로 매력도를 Rating한다.

주의할 것은 무엇인가

- 본 분석 Tool을 통해 도출되는 매력도 수준은 주관적인 판단에 기한다. 1부터 10까지 숫자를 부여할 수 있으나 의견을 수렴하는 것에 의미를 부여해야 한다. 따라서 정확도 수준을 따지기보다 발생가능한 다양한 환경에 어떻게 대응할 것인가에 초점을 두어야 한다.
- 가장 흔한 실수로 공급자, 구매자, 경쟁자의 경계가 모호하여 동일한 대상에 관한 내용을 여러 관점에 적용하는 것이다. 따라서 시작할 때에 공급자, 구매자, 경쟁자 업체명을 미리 써두는 것이 좋다
- 대체재의 경우 경쟁자와 많이 혼동하는 경우가 있는데 사업의 분석범위를 너무 넓게 잡지 않는 것이 중요하다.
- 산업구조는 수많은 요인들이 통합적으로 결정하는데, 일부 요인만을 보고 매력도를 판단하는 경우가 있다. 예를 들어 High-Tech 사업은 매력적일 것이다, 고성장 사업은 매력적일 것이다, 제조업보다는 서비스업이 매력적일 것이라고 단편적으로 판단하는 그런 함정에 빠지지 않도록 한다. 또한, 막연하고 생각하고 있던 매력도를 확인하는 쪽으로 편의적으로 분석요소들을 일부만 적용해서도 안 된다.

- Porter, M.E. 1980. *Competitive Strategy: Techniques for Analyzing Industries and Competitors*. New York: The Free Press에서 인용하고 Workshop용으로 활용하였다.

작성 예시

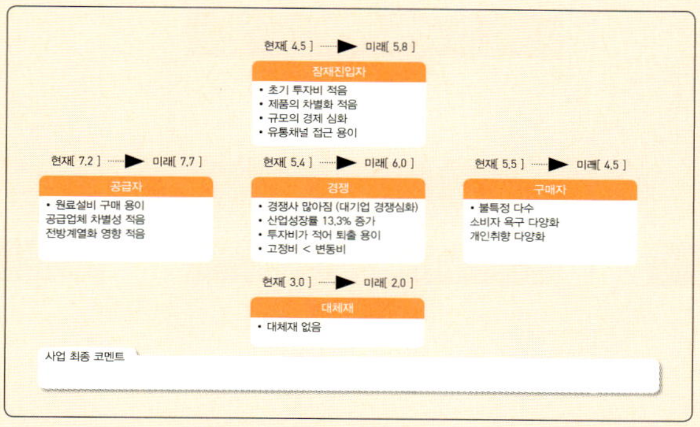

5-Forces	판단 기준 요소	현재 매력도	향후 잠재적 매력도	평균 매력도
산업내 기존 경쟁자들 사이의 경쟁정도를 고려한 매력도	경쟁자의 숫자와 규모	1 2 ③ 4 5 6 7 8 9 10	1 2 3 ④ 5 6 7 8 9 10	현재: 3.6 미래: 5.2
	산업 성장율	1 2 3 4 5 6 ⑦ 8 9 10	1 2 3 4 5 6 7 ⑧ 9 10	
	제품 차별화의 가능성	1 2 ③ 4 5 6 7 8 9 10	1 2 3 4 ⑤ 6 7 8 9 10	
	퇴거 장벽	1 2 ③ 4 5 6 7 8 9 10	1 2 3 4 ⑤ 6 7 8 9 10	
	고정비용/변동비용	1 ② 3 4 5 6 7 8 9 10	1 2 3 ④ 5 6 7 8 9 10	
잠재 진입자의 위협을 고려한 매력도	자본 투자 수준	1 2 3 4 5 6 7 ⑧ 9 10	1 2 3 4 5 6 7 ⑧ 9 10	현재: 5.8 미래: 6.3
	제품 차별화	1 2 ③ 4 5 6 7 8 9 10	1 2 3 ④ 5 6 7 8 9 10	
	규모의 경제	1 2 3 4 5 6 ⑦ 8 9 10	1 2 3 4 5 6 7 ⑧ 9 10	
	유통채널 접근성	1 2 3 4 ⑤ 6 7 8 9 10	1 2 3 4 ⑤ 6 7 8 9 10	
	법적/규제적 장벽	1 2 3 4 5 6 7 8 9 10	1 2 3 4 5 6 7 8 9 10	
대체재의 위협을 고려한 매력도	대체재의 종류 및 숫자	1 2 ③ 4 5 6 7 8 9 10	1 2 3 4 ⑤ 6 7 8 9 10	현재: 2.7 미래: 4.0
	대체재에 대한 가격 민감도	1 ② 3 4 5 6 7 8 9 10	1 ② 3 4 5 6 7 8 9 10	
	품질과 성능 차별화 여부	1 2 ③ 4 5 6 7 8 9 10	1 2 3 4 ⑤ 6 7 8 9 10	

5-Forces	판단 기준 요소	현재 매력도	향후 잠재적 매력도	평균 매력도
공급자의 위협을 고려한 매력도	공급자의 규모와 숫자	1 2 3 ④ 5 6 7 8 9 10	1 2 3 ④ 5 6 7 8 9 10	현재: 4.5 미래: 4.8
	공급자 제품의 차별화	1 2 3 4 5 6 7 ⑧ 9 10	1 2 3 4 5 6 7 ⑧ 9 10	
	비용에서 차지하는 비중	1 2 ③ 4 5 6 7 8 9 10	1 2 ③ 4 5 6 7 8 9 10	
	품질에서의 중요성	1 2 ③ 4 5 6 7 8 9 10	1 2 3 4 ⑤ 6 7 8 9 10	
	전방 계열화 가능성	1 2 3 ④ 5 6 7 8 9 10	1 2 ③ 4 5 6 7 8 9 10	
	공급자 제품에 대한 대체재	1 2 3 4 ⑤ 6 7 8 9 10	1 2 3 4 5 ⑥ 7 8 9 10	
구매자의 위협을 고려한 매력도	구매자의 규모와 숫자	1 2 3 4 5 6 ⑦ 8 9 10	1 2 3 4 5 6 7 ⑧ 9 10	현재: 5.0 미래: 6.2
	제품의 차별화	1 2 ③ 4 5 6 7 8 9 10	1 2 3 4 5 6 ⑦ 8 9 10	
	구매자 사이의 경쟁강도	1 ② 3 4 5 6 7 8 9 10	1 2 ③ 4 5 6 7 8 9 10	
	비용에서 차지하는 비중	1 2 3 4 5 ⑥ 7 8 9 10	1 2 3 4 5 6 ⑦ 8 9 10	
	품질에서의 중요성	1 2 3 4 ⑤ 6 7 8 9 10	1 2 3 4 ⑤ 6 7 8 9 10	
	후방 계열화 가능성	1 2 3 4 5 6 ⑦ 8 9 10	1 2 3 4 5 6 ⑦ 8 9 10	
	대체재의 존재 여부	1 2 3 4 5 6 7 8 9 10	1 2 3 4 5 6 7 8 9 10	
매력도 최종평균				현재: 4.3 미래: 5.3

03 사업 매력도 분석

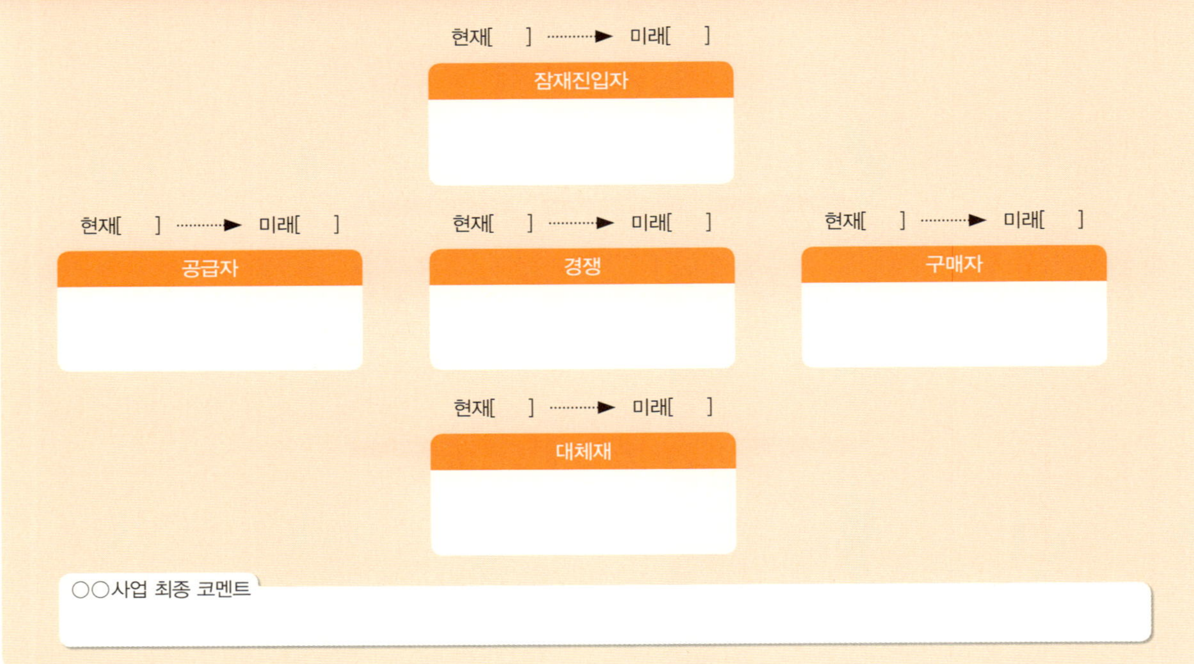

- 5가지 관점에 대해 고민할 때 하위 항목을 미리 알려줄 필요가 있다. 하위 항목은 산업에 따라 Customizing할 필요가 있으며 뒤에 수행할 매력도 진단 시 하위 항목과 동일해야 한다.
- 미래 시기는 3~5년 내 특정 시기를 지정하여야 한다.
- 5개의 관점에 대한 검토가 종료되면 5개 관점을 종합하여 해당 사업에 대한 매력도를 정리할 필요가 있다.

Facilitator Tip

- 반드시 미래 시기를 서로 공유하고 작성하도록 한다.
- 기업측면에서 분석하기보다는 특정 사업 단위(Business Unit)로 분석하는 것이 바람직하다.

03 사업 매력도 분석: 예시

현재[4.5] ··········▶ 미래[5.8]

잠재진입자
- 초기 투자비 적음
- 제품의 차별화 적음
- 규모의 경제 심화
- 유통채널 접근 용이

현재[7.2] ··········▶ 미래[7.7]

공급자
- 원료설비 구매 용이
- 공급업체 차별성 적음
- 전방계열화 영향 적음

현재[5.4] ··········▶ 미래[6.0]

경쟁
- 경쟁사 많아짐 (대기업 경쟁심화)
- 산업성장률 13.3% 증가
- 투자비가 적어 퇴출 용이
- 고정비 < 변동비

현재[5.5] ··········▶ 미래[4.5]

구매자
- 불특정 다수
- 소비자 욕구 다양화
- 개인취향 다양화

현재[3.0] ··········▶ 미래[2.0]

대체재
- 대체재 없음

사업 최종 코멘트

03 사업 매력도 분석

5-Forces	판단 기준 요소	현재 매력도	향후 잠재적 매력도	평균 매력도
산업내 기존 경쟁자들 사이의 경쟁 정도를 고려한 매력도	경쟁자의 숫자와 규모	1 2 3 4 5 6 7 8 9 10	1 2 3 4 5 6 7 8 9 10	현재: 미래:
	산업 성장률	1 2 3 4 5 6 7 8 9 10	1 2 3 4 5 6 7 8 9 10	
	제품 차별화의 가능성	1 2 3 4 5 6 7 8 9 10	1 2 3 4 5 6 7 8 9 10	
	퇴거 장벽	1 2 3 4 5 6 7 8 9 10	1 2 3 4 5 6 7 8 9 10	
	고정비용/변동비용	1 2 3 4 5 6 7 8 9 10	1 2 3 4 5 6 7 8 9 10	
잠재 진입자의 위협을 고려한 매력도	자본 투자 수준	1 2 3 4 5 6 7 8 9 10	1 2 3 4 5 6 7 8 9 10	현재: 미래:
	제품 차별화	1 2 3 4 5 6 7 8 9 10	1 2 3 4 5 6 7 8 9 10	
	규모의 경제	1 2 3 4 5 6 7 8 9 10	1 2 3 4 5 6 7 8 9 10	
	유통채널 접근성	1 2 3 4 5 6 7 8 9 10	1 2 3 4 5 6 7 8 9 10	
	법적/규제적 장벽	1 2 3 4 5 6 7 8 9 10	1 2 3 4 5 6 7 8 9 10	
대체재의 위협을 고려한 매력도	대체재의 종류 및 숫자	1 2 3 4 5 6 7 8 9 10	1 2 3 4 5 6 7 8 9 10	현재: 미래:
	대체재에 대한 가격 민감도	1 2 3 4 5 6 7 8 9 10	1 2 3 4 5 6 7 8 9 10	
	품질과 성능 차별화 여부	1 2 3 4 5 6 7 8 9 10	1 2 3 4 5 6 7 8 9 10	

- 본 매력도 진단 Template은 앞서 검토한 5-Forces model 내용을 기반으로 진행한다. 단 주의해야 할 점은 앞서 검토한 내용이 위협수준이므로 그 수준을 뒤집어 Rating해야 한다. 즉, 위협수준이 높은 것은 매력도가 낮다는 것이다.

Facilitator Tip

- 조원들과 충분히 논의 후 Rating할 수 있도록 지원한다. 정성적인 판단이므로, 해당 점수를 부여한 근거가 명확해야 한다.

03 사업 매력도 분석: 예시

5-Forces	판단 기준 요소	현재 매력도	향후 잠재적 매력도	평균 매력도
산업내 기존 경쟁자들 사이의 경쟁 정도를 고려한 매력도	경쟁자의 숫자와 규모	1 2 ③ 4 5 6 7 8 9 10	1 2 3 ④ 5 6 7 8 9 10	현재: 3.6 미래: 5.2
	산업 성장률	1 2 3 4 5 6 ⑦ 8 9 10	1 2 3 4 5 6 7 ⑧ 9 10	
	제품 차별화의 가능성	1 2 ③ 4 5 6 7 8 9 10	1 2 3 4 ⑤ 6 7 8 9 10	
	퇴거 장벽	1 2 ③ 4 5 6 7 8 9 10	1 2 3 4 ⑤ 6 7 8 9 10	
	고정비용/변동비용	1 ② 3 4 5 6 7 8 9 10	1 2 3 ④ 5 6 7 8 9 10	
잠재 진입자의 위협을 고려한 매력도	자본 투자 수준	1 2 3 4 5 6 7 ⑧ 9 10	1 2 3 4 5 6 7 ⑧ 9 10	현재: 5.8 미래: 6.3
	제품 차별화	1 2 ③ 4 5 6 7 8 9 10	1 2 3 ④ 5 6 7 8 9 10	
	규모의 경제	1 2 3 4 5 6 ⑦ 8 9 10	1 2 3 4 5 6 7 ⑧ 9 10	
	유통채널 접근성	1 2 3 4 ⑤ 6 7 8 9 10	1 2 3 4 ⑤ 6 7 8 9 10	
	법적/규제적 장벽	1 2 3 4 5 6 7 8 9 10	1 2 3 4 5 6 7 8 9 10	
대체재의 위협을 고려한 매력도	대체재의 종류 및 숫자	1 2 ③ 4 5 6 7 8 9 10	1 2 3 4 ⑤ 6 7 8 9 10	현재: 2.7 미래: 4.0
	대체재에 대한 가격 민감도	1 ② 3 4 5 6 7 8 9 10	1 ② 3 4 5 6 7 8 9 10	
	품질과 성능 차별화 여부	1 2 ③ 4 5 6 7 8 9 10	1 2 3 4 ⑤ 6 7 8 9 10	

03 사업 매력도 분석

5-Forces	판단 기준 요소	현재 매력도	향후 잠재적 매력도	평균 매력도
공급자의 위협을 고려한 매력도	공급자의 규모와 숫자	1 2 3 4 5 6 7 8 9 10	1 2 3 4 5 6 7 8 9 10	현재: 미래:
	공급자 제품의 차별화	1 2 3 4 5 6 7 8 9 10	1 2 3 4 5 6 7 8 9 10	
	비용에서 차지하는 비중	1 2 3 4 5 6 7 8 9 10	1 2 3 4 5 6 7 8 9 10	
	품질에서의 중요성	1 2 3 4 5 6 7 8 9 10	1 2 3 4 5 6 7 8 9 10	
	전방 계열화 가능성	1 2 3 4 5 6 7 8 9 10	1 2 3 4 5 6 7 8 9 10	
	공급자 제품에 대한 대체재	1 2 3 4 5 6 7 8 9 10	1 2 3 4 5 6 7 8 9 10	
구매자의 위협을 고려한 매력도	구매자의 규모와 숫자	1 2 3 4 5 6 7 8 9 10	1 2 3 4 5 6 7 8 9 10	현재: 미래:
	제품의 차별화	1 2 3 4 5 6 7 8 9 10	1 2 3 4 5 6 7 8 9 10	
	구매자 사이의 경쟁강도	1 2 3 4 5 6 7 8 9 10	1 2 3 4 5 6 7 8 9 10	
	비용에서 차지하는 비중	1 2 3 4 5 6 7 8 9 10	1 2 3 4 5 6 7 8 9 10	
	품질에서의 중요성	1 2 3 4 5 6 7 8 9 10	1 2 3 4 5 6 7 8 9 10	
	후방 계열화 가능성	1 2 3 4 5 6 7 8 9 10	1 2 3 4 5 6 7 8 9 10	
	대체재의 존재 여부	1 2 3 4 5 6 7 8 9 10	1 2 3 4 5 6 7 8 9 10	
매력도 최종평균				현재: 미래:

- 현재 우리 사업의 매력도가 낮게 나온다고 인위적으로 매력도를 조정하지 않도록 한다. 중요한 것은 어떤 요소들이 매력도를 낮추며 그것들에 어떻게 대응할 것인가를 생각해 보는 것이다.
- 예를 들어, 대체재의 위협이 높은 경우 아예 우리가 진출한다든지 하여 대응방안을 마련하는 데 본 분석을 참고한다. 또한, 정유회사들과 자동차 회사들은 대체 에너지의 위협에 대해 연비를 계속 높임으로써 대체재인 전기 자동차의 매력을 낮추려 한다.
- Force가 약한 쪽에 Position하는 것도 대응 방법이 된다. 북미상용트럭회사는 대개 B2B로서 바이어의 협상력이 높다. 그러나, Paccar, Mack 등의 회사는 경쟁사들 대비 3배 정도의 수익을 내고 있다. 그 구도에서는 누구도 돈을 벌기 어려우나 이들 회사는 개인 사업자를 타깃으로 하였다. 개인 사업자들은 비용보다 중요한 것이 "트럭이 멈추지 않는 것"이다. 이 회사들은 최적의 조건을 맞추어 준다. 장거리 코스에 대해 직접 운전을 해 보며 코스를 파악하고, 최적의 미션과 엔진 등을 선택해 준다. 또한, 문제가 생기는 경우에 대비해 서비스 터미널을 만들고 무전과 데이터 다운로드를 통해 문제를 분석하고 필요한 장비와 부품 등을 준비했다가, 트럭이 서비스 터미널에 들어오는 즉시 수리를 해서 최대한 빨리 다시 영업현장으로 나갈 수 있게 도와준다. 대신에 프리미엄 가격을 받는다.

Facilitator Tip

- 산업매력도 분석의 결과, 비매력적인 산업에 들어와 있다는 것을 발견하게 될 때, 단순히 비매력적인 산업에서 빠져나오는 것이 능사가 아님을 주지시킨다. 오히려 5개의 요소들 중에서 해당 산업을 비매력적으로 만드는 요소들의 충격과 영향력을 최소화시키는 방법이 무엇인지를 고민하도록 유도한다.

03 사업 매력도 분석: 예시

5-Forces	판단 기준 요소	현재 매력도	향후 잠재적 매력도	평균 매력도
공급자의 위협을 고려한 매력도	공급자의 규모와 숫자	1 2 3 **4** 5 6 7 8 9 10	1 2 3 **4** 5 6 7 8 9 10	현재: 4.5 미래: 4.8
	공급자 제품의 차별화	1 2 3 4 5 6 7 **8** 9 10	1 2 3 4 5 6 7 **8** 9 10	
	비용에서 차지하는 비중	1 2 **3** 4 5 6 7 8 9 10	1 2 **3** 4 5 6 7 8 9 10	
	품질에서의 중요성	1 2 **3** 4 5 6 7 8 9 10	1 2 3 4 **5** 6 7 8 9 10	
	전방 계열화 가능성	1 2 3 **4** 5 6 7 8 9 10	1 2 **3** 4 5 6 7 8 9 10	
	공급자 제품에 대한 대체재	1 2 3 4 **5** 6 7 8 9 10	1 2 3 4 5 **6** 7 8 9 10	
구매자의 위협을 고려한 매력도	구매자의 규모와 숫자	1 2 3 4 5 6 **7** 8 9 10	1 2 3 4 5 6 7 **8** 9 10	현재: 5.0 미래: 6.2
	제품의 차별화	1 2 **3** 4 5 6 7 8 9 10	1 2 3 4 5 6 **7** 8 9 10	
	구매자 사이의 경쟁강도	1 **2** 3 4 5 6 7 8 9 10	1 2 **3** 4 5 6 7 8 9 10	
	비용에서 차지하는 비중	1 2 3 4 5 **6** 7 8 9 10	1 2 3 4 5 6 **7** 8 9 10	
	품질에서의 중요성	1 2 3 4 **5** 6 7 8 9 10	1 2 3 4 **5** 6 7 8 9 10	
	후방 계열화 가능성	1 2 3 4 5 6 **7** 8 9 10	1 2 3 4 5 6 **7** 8 9 10	
	대체재의 존재 여부	1 2 3 4 5 6 7 8 9 10	1 2 3 4 5 6 7 8 9 10	
매력도 최종평균				현재: 4.3 미래: 5.3

04

경쟁자 분석

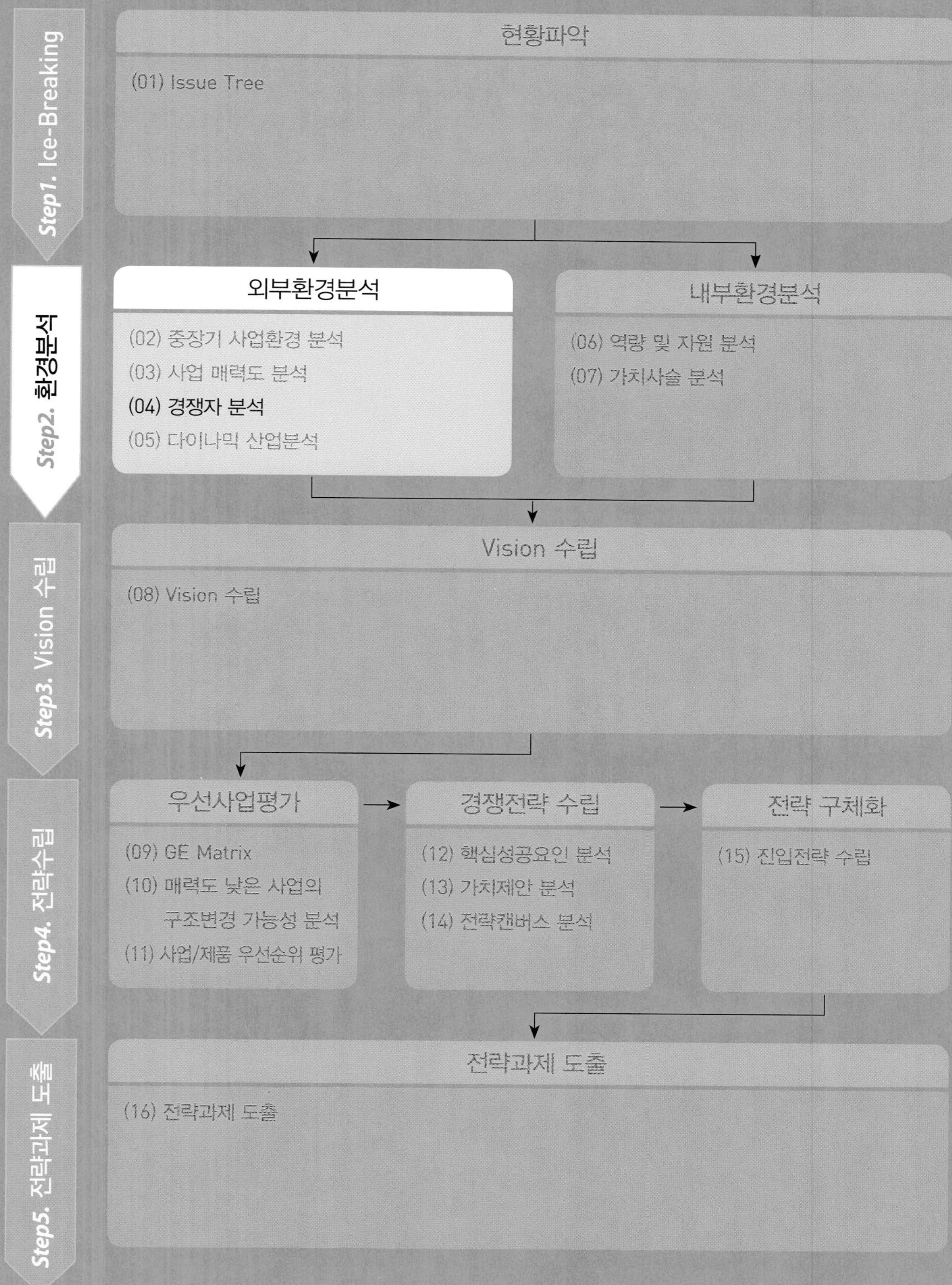
Step1. Ice-Breaking
현황파악
(01) Issue Tree
Step2. 환경분석
외부환경분석
(02) 중장기 사업환경 분석
(03) 사업 매력도 분석
(04) 경쟁자 분석
(05) 다이나믹 산업분석
내부환경분석
(06) 역량 및 자원 분석
(07) 가치사슬 분석
Step3. Vision 수립
Vision 수립
(08) Vision 수립
Step4. 전략수립
우선사업평가
(09) GE Matrix
(10) 매력도 낮은 사업의
구조변경 가능성 분석
(11) 사업/제품 우선순위 평가
경쟁전략 수립
(12) 핵심성공요인 분석
(13) 가치제안 분석
(14) 전략캔버스 분석
전략 구체화
(15) 진입전략 수립
Step5. 전략과제 도출
전략과제 도출
(16) 전략과제 도출

04 경쟁자 분석

경쟁자 분석은 동일 산업 내 경쟁자의 현황을 파악하기 위함이다. 이때 산업은 "유사한 제품이나 서비스를 제공하는 일단의 기업 집단"으로 정의되며, 동일 산업 내에서도 "유사한 자원을 바탕으로 유사한 전략을 구사하는 기업들의 집단"인 동일 전략군의 기업을 분석한다. 또한 잠재적으로 자사의 경쟁사가 될 수 있는 회사도 대상에 포함된다. 다양한 경쟁자들의 특징을 파악하는 것은, 향후 경쟁에서 상대방의 반응을 예측할 수 있다는 데에 의미가 있다.

왜 써야 하는가

- 경쟁사의 미래 목표, 현재 전략 그리고 역량 수준을 파악하여 향후 움직임을 예측하고 자사의 대응전략 수립에 활용하기 위해서이다. 결국 우리 회사를 분석하는 것만큼 경쟁자를 깊이 있고 세세하게 분석하고 이해할 수 있어야 한다.

어떻게 써야 하는가

- 경쟁자 분석은 크게 3가지 과제로 구성된다.
  1) 경쟁사 현황: 미래목표와 현재 전략(기능별)을 파악한다.
  2) 재무현황진단: 매출액, 영업이익 등 재무현황을 진단한다.
  3) 전략적 사업군 검토: 경쟁사가 보유하고 있는 사업군의 현황(매출수준, 역량보유수준)을 검토한다.

주의할 것은 무엇인가

- 그룹사 내 계열사가 경쟁사일 경우 경쟁사 자체의 전략도 중요하지만 모기업의 전략을 검토하는 것도 중요하다. 모기업이 해당 계열사 및 사업단위를 만든 목적이라던가, 해당 계열사 및 사업단위에 기대하는 역할이 있을 것이다. 또한 모기업 입장에서 중요한 계열사인지의 여부를 파악하는 것도 중요하다.

- Porter, M.E. 1980. *Competitive Strategy: Techniques for Analyzing Industries and Competitors*. New York: The Free Press에서 인용하고 Workshop용으로 활용하였다.

작성 예시

No.	경쟁사 A
목표/비전	• 보다 좋은 품질, 보다 높은 영양, 보다 앞선 식품으로 국민식생활 향상에 이바지한다
조직구조	대표 경리 / 기획 / 조달 / 총무 / 경영 / 해외사업 / 홍보 / 제조 / 영업본부 / 연구
인재상	• 글로벌 리더, 적극성, 책임감 • 국제적인 감각을 갖추고 다른 사람을 이끌 수 있는 사람
성과지표	• BSC(Balanced Scorecard)개념을 기반으로 하여 조직단위의 목표를 설정 • 직속상사의 개인 목표설정 및 자기계발계획 수립을 위한 면담을 실시
인센티브	• 연말에 지급
제품	• 케첩, 마요네즈, 카레, 3분류 즉석식품, 식초, 참기름 M/S1위

No.	경쟁사 A
유통망	• 대형할인점, 백화점, 소매점, 인터넷
마케팅/영업	• 기반사업 바탕으로 사업의 다각화 사업간 시너지 극대화 가능한 제품 확충
제조/운영	• 4개 공장 - '○○년 이후 00공장 준공('01.8) - ○○공장 준공('04.11)
연구개발	• 연구소 (00명), 다품종 소량생산 체계를 설정
재무상태	• 매출액: 12,000억원 영업이익: 700억원 (5.0%)
CEO	• ○○○ (○○세) - 이론과 실무를 겸비 - 생산성 향상 및 경쟁력 강조

	현재 경쟁자 (A)	잠재 경쟁자 (B)
미래 사업단위 목표	• 국내 MS 1위 차지 • 수익성 극대화	• 신사업 진출 기회 모색
미래 모기업 목표	• OO제품분야 글로벌 기업으로의 성장 • 현 계열사들 역량을 활용할 수 있는 신 사업 진출	• 모기업 전체의 매출 수준 확장
강점	• 채무수준 양호 • 그룹 Owner와 국내 정재계 인사들과의 관계가 돈독함	• 강력한 유통망 • 높은 브랜드 인지도
약점	• 계열사 중 특정 계열사 외 계열사 매출 크기가 저조함 • 시장 자체가 사양산업으로 매출 확대 기회 수준이 낮음	• Owner 성향상 도전적인 투자 지양 • 급격한 확장을 시도하지 않는
[총평] "앞으로 어떻게 움직일 것인가?"	• 현 매출 수준을 유지하되, 신사업 다각화에 총력을 기울일 것으로 예상됨 • 도전적인 투자는 지양할 것으로 보임	• 사전 조사를 철저히 하여, 사업성 판단 후 본 사업으로 진출할 것으로 보임 • 급격히 움직일 것 같지 않음

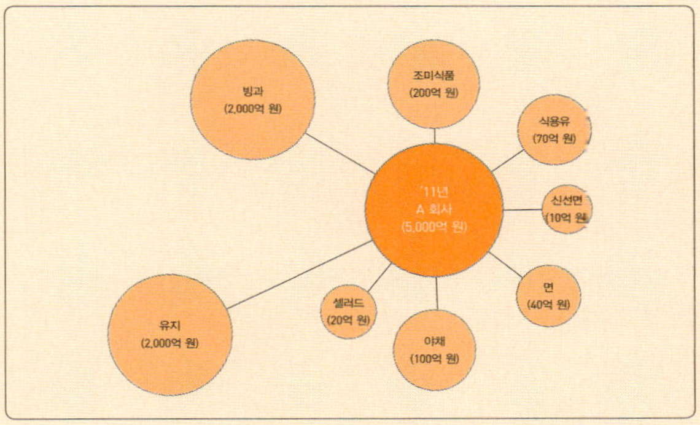

04 경쟁자 분석

No.	경쟁사 A	No.	경쟁사 A
목표/ 비전		유통망	
조직 구조	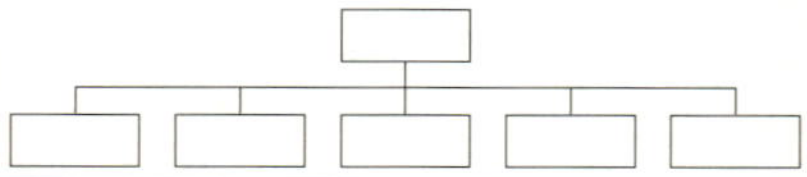	마케팅/ 영업	
인재상		제조/ 운영	
성과 지표		연구 개발	
인센 티브		재무 상태	
제품		CEO	

- 경쟁자 분석의 핵심은 상대방의 "미래목표-현재전략-역량"을 분석함으로써 경쟁자들의 향후 움직임을 예측하고 대응전략을 마련하는 것이다.
- 경쟁자는 기존 경쟁자와 잠재적인 경쟁자를 복수로 선정하여 진행한다. 잠재적인 경쟁자를 판단하는 기준은 다음과 같다.
  - 현재 업계에 있지는 않지만 진입장벽을 손쉽게 극복할 수 있는 회사
  - 우리 업계로 들어오는 것이 눈에 보이는 시너지를 만들어주는 회사
  - 해당 회사의 기업전략상 우리 업계로 들어올 수밖에 없는 회사
  - 현재의 고객이나 공급자인데 수직계열화를 할 가능성이 있는 회사
  - 기술, 규제 변화 및 M&A 등을 통해 경쟁자가 될 가능성이 있는 회사
- 목표/비전: 경쟁사 사업단위와 더불어 모기업 수준의 목표까지 검토하도록 한다.

  [사업단위 목표]
  - 문자화된, 문자화되지 않은 경쟁자의 목표는 무엇인가?
  - 경쟁자는 경제적인 혹은 비경제적인 조직의 가치와 믿음이 있는가?
    - 시장 리더가 되기를 원하는가?
    - 기술적인 리더가 되기를 원하는가?
    - 특정 전략을 사용하는 역사와 전통이 있는가?

  [모기업 수준 목표]
  - 모기업의 전반적인 목표는 무엇인가? 이 사업단위에게 원하는 것은 무엇인가?
  - 애초에 모기업이 이 사업에 진출하게 된 이유가 무엇인가? (예: 기존 유통망 이용, 기존 마케팅 활용)
  - 모기업이 사업단위와 관계없이 항상 사용하는 경쟁전략 유형이 있는가?
  - 모기업의 다각화 계획은 무엇인가?
  - 모기업 최고 경영진이나 오너가 이 사업단위에 특히 애정을 보이는가?

04 경쟁자 분석: 예시

No.	경쟁사 A
목표/비전	• 보다 좋은 품질, 보다 높은 영양, 보다 앞선 식품으로 국민식생활 향상에 이바지한다
조직구조	대표 – 경리, 기획, 조달, 총무, 경영, 해외사업, 홍보, 제조, 영업본부, 연구
인재상	• 글로벌 리더, 적극성, 책임감 • 국제적인 감각을 갖추고 다른 사람을 이끌 수 있는 사람
성과지표	• BSC(Balanced Scorecard) 개념을 기반으로 하여 조직단위의 목표를 설정 • 직속상사의 개인 목표설정 및 자기계발계획 수립을 위한 면담을 실시
인센티브	• 연말에 지급
제품	• 케첩, 마요네즈, 카레, 3분류 즉석식품, 식초, 참기름 M/S 1위

No.	경쟁사 A
유통망	• 대형할인점, 백화점, 소매점, 인터넷
마케팅/영업	• 기반사업 바탕으로 사업의 다각화 • 사업간 시너지 극대화 가능한 제품 확충
제조/운영	• 4개 공장 - '00년 이후 ○○공장 준공('01.8) - ○○공장 준공('04.11)
연구개발	• 연구소 (00명), 다품종 소량생산 체계를 설정
재무상태	• 매출액: 12,000억원 영업이익: 700억원 (5.0%)
CEO	• ○○○ (○○세) - 이론과 실무를 겸비 - 생산성 향상 및 경쟁력 강조

- **조직구조**: 특정 기능이나 부서의 상대적인 지위는 어떠한가?
- **성과지표 & 인센티브**: 임원 보상은 어떻게 운영되는가? 영업사원 보상제도는 어떠한가? 정기적으로 추적하고 있는 성과지표는 무엇인가? 개인평가제도는 어떻게 운영되는가?
- **제품**: 각 세그먼트에서 사용자가 평가하는 경쟁사 제품의 위치는 어떠한가? 제품라인의 넓이와 깊이는 어떠한가?
- **유통망**: 유통채널의 범위와 질은 어떠한가? 유통채널과의 관계가 얼마나 좋은가?
- **마케팅/영업**: 마케팅 믹스 각 영역에서의 기술 및 역량 수준은 어떠한가? 시장조사, 신제품 개발 능력 수준은 어떠한가? 영업사원 훈련수준과 능력 수준은 어떠한가?
- **제조/운영**: 제조원가-규모의 경제, 장비 노후 수준은 어떠한가? 설비와 장비의 기술적인 수준은 어떠한가? 독점적인 노하우 혹은 비용상의 우위 여부는 어떠한가? 생산능력을 필요에 따라 늘릴 수 있는 능력이 있는가?
- **연구개발**: 특허와 Copyrights 수는 어떠한가? 연구개발능력(공정개발, 기초기술연구, 모방능력) 수준은 어떠한가? R&D 인력 수준은 어떠한가?
- **재무상태**: 현금 흐름은 어떠한가? 단기 및 장기 자금동원 능력은 어떠한가? 재무관리 능력(협상, 신용, 재고관리, 외상매출 등) 수준은 어떠한가?
- **CEO**: CEO는 조직원에게 신뢰받고 있는가? 연령, 훈련 및 기능적인 백그라운드는 어떠한가? 경영진 승계 준비는 어떠한가? 경영진의 유연성, 변화에 대한 적응력 수준은 어떠한가?

04 경쟁자 분석

	현재 경쟁자 ( )	잠재 경쟁자 ( )
미래 사업단위 목표		
미래 모기업 목표		
강점		
약점		
[총평] "앞으로 어떻게 움직일 것인가?"		

- 경쟁자 분석의 내용을 도표로 간략하게 정리한다. 가장 중요한 것은 "경쟁자의 향후 움직임"을 예측하는 마지막 항목이다. 최대한 자세하게 서술하도록 한다.

Facilitator Tip

- 경쟁자의 정보를 종합하는 선에서 끝나지 않아야 한다. 해당 정보를 바탕으로 향후 경쟁자가 어떻게 움직일 것인지에 대한 예상 시나리오를 도출하도록 유도해야 한다.

04 경쟁자 분석: 예시

	현재 경쟁자 (A)	잠재 경쟁자 (B)
미래 사업단위 목표	• 국내 MS 1위 차지 • 수익성 극대화	• 신사업 진출 기회 모색
미래 모기업 목표	• ○○제품분야 글로벌 기업으로의 성장 • 현 계열사들 역량을 활용할 수 있는 신 사업 진출	• 모기업 전체의 매출 수준 확장
강점	• 채무수준 양호 • 그룹 Owner와 국내 정재계 인사들과의 관계가 돈독함	• 강력한 유통망 • 높은 브랜드 인지도
약점	• 계열사 중 특정 계열사 외 계열사 매출 크기가 저조함 • 시장 자체가 사양산업으로 매출 확대 기회 수준이 낮음	• Owner 성향상 도전적인 투자 지양 • 급격한 확장을 시도하지 않음
[총평] "앞으로 어떻게 움직일 것인가?"	• 현 매출 수준을 유지하되, 신사업 다각화에 총력을 기울일 것으로 예상됨 • 도전적인 투자는 지양할 것으로 보임	• 사전 조사를 철저히 하여, 사업성 판단 후 본 사업으로 진출할 것으로 보임 • 급격히 움직일 것 같지 않음

04 경쟁자 분석

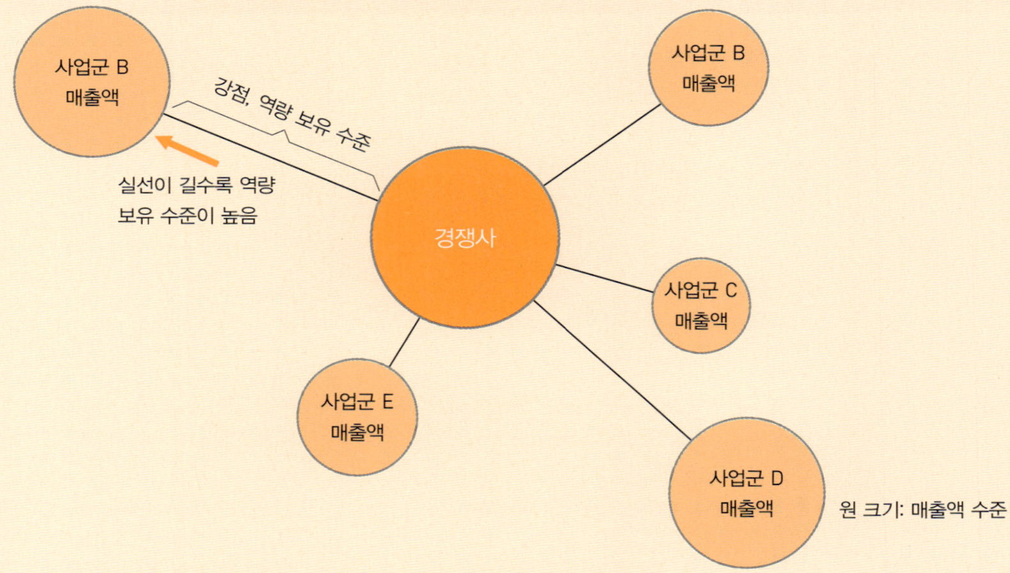

- 경쟁사의 사업군을 살펴보고 사업군별 매출 현황을 가시화한다.
- **원**: 1개의 사업군이 1개의 원을 구성한다.
- **원의 크기**: 해당 사업군의 매출 수준을 보여준다.
- **실선**: 해당 사업군이 보유하고 있는 강점이 강할수록 실선의 길이는 길어진다. 정성적으로 판단한다.

Facilitator Tip

- 논리적이고, 정량적인 Data를 근거로 하여 작성된다기보다, 현재 본인이 알고 있는 경쟁자의 정보를 토대로 정성적으로 작성하도록 한다. 본 분석 목적은 경쟁자의 사업구성과 강/약점을 가시적으로 보기 위함이다.

04 경쟁자 분석: 예시

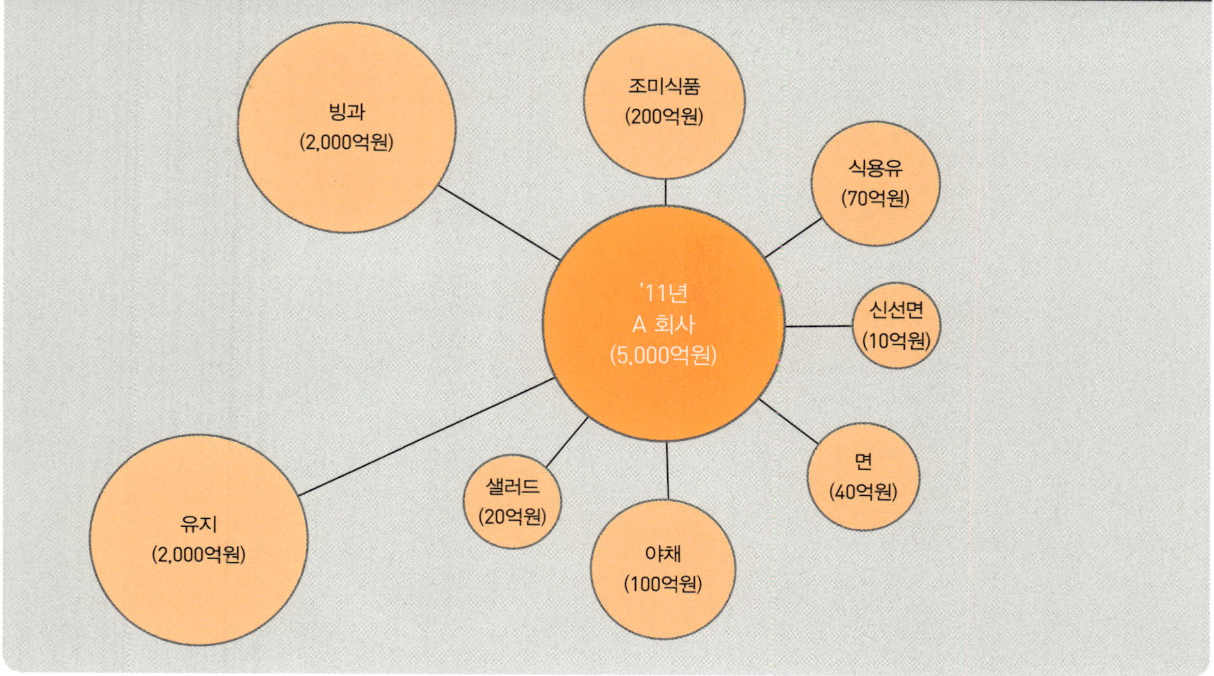
빙과
(2,000억원)
조미식품
(200억원)
식용유
(70억원)
'11년
A 회사
(5,000억원)
신선면
(10억원)
면
(40억원)
야채
(100억원)
샐러드
(20억원)
유지
(2,000억원)

Step2. 환경분석: 외부환경분석

05

다이나믹 산업분석

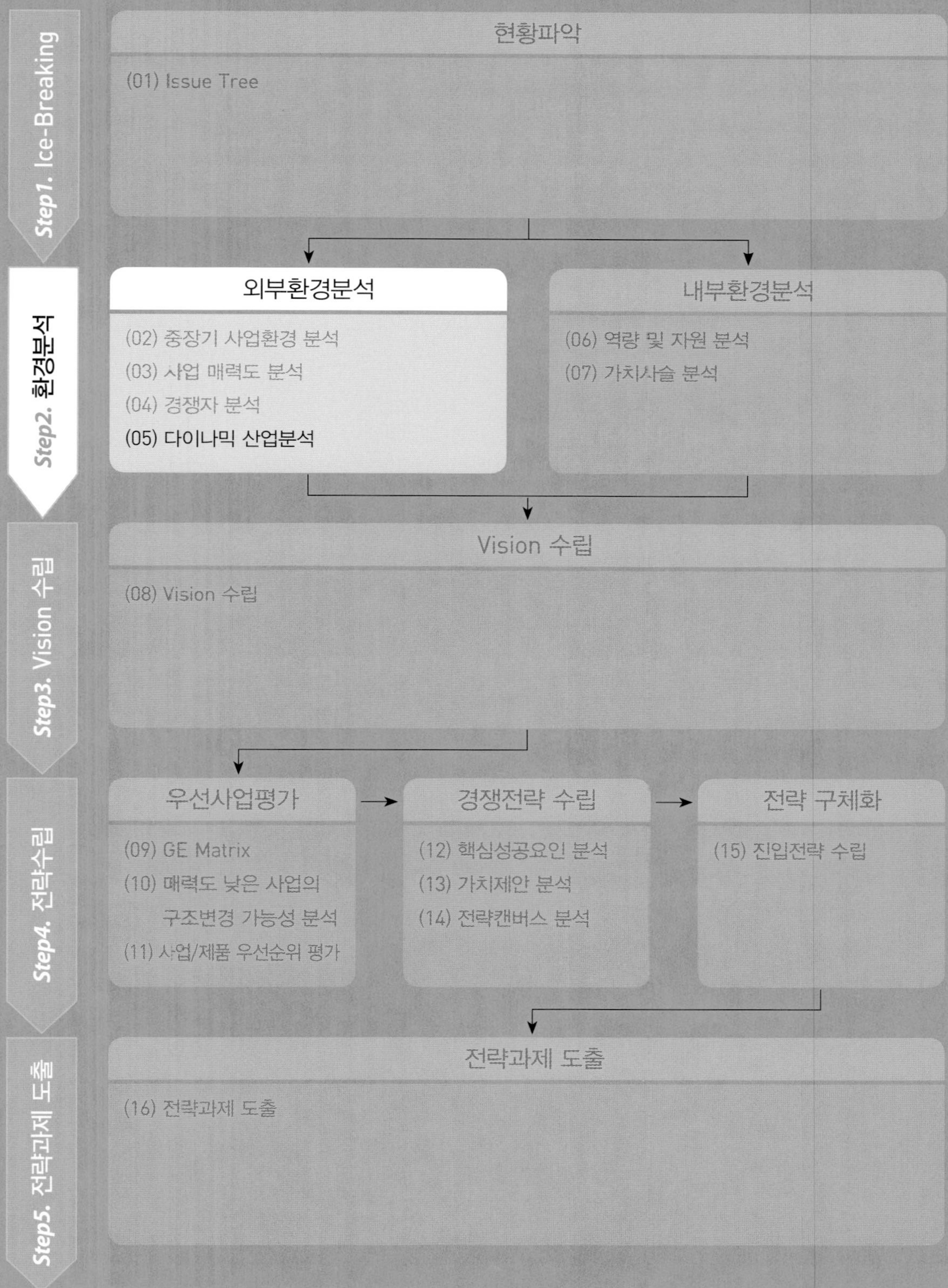
Step1. Ice-Breaking
현황파악
(01) Issue Tree
Step2. 환경분석
외부환경분석
(02) 중장기 사업환경 분석
(03) 사업 매력도 분석
(04) 경쟁자 분석
(05) 다이나믹 산업분석
내부환경분석
(06) 역량 및 자원 분석
(07) 가치사슬 분석
Step3. Vision 수립
Vision 수립
(08) Vision 수립
Step4. 전략수립
우선사업평가
(09) GE Matrix
(10) 매력도 낮은 사업의 구조변경 가능성 분석
(11) 사업/제품 우선순위 평가
경쟁전략 수립
(12) 핵심성공요인 분석
(13) 가치제안 분석
(14) 전략캔버스 분석
전략 구체화
(15) 진입전략 수립
Step5. 전략과제 도출
전략과제 도출
(16) 전략과제 도출

05 다이나믹 산업분석

5-Forces Model의 정적인 면을 보완할 수 있는 분석 Tool이다. 산업구조를 새로운 각도에서 특히 시간상의 변화와 한 사업 안에서의 다양한 세그먼트들을 고려하여 이해할 수 있는 틀이다. 이 분석의 기본은 일단 하나의 사업을 구성하는 주요요소가 3가지 차원으로 나눠질 수 있다는 점이다. 제품이나 서비스(What), 고객(Who), 그리고 기술(How) 세 가지이다. 이렇게 세 가지 요소를 통합하여 만들어진 공간을 '경쟁공간'이라고 한다.

왜 써야 하는가

- 경쟁공간에서는 다양한 경쟁자들이 각각 다른 차원에 초점을 맞추며 경쟁하고 있고, 무엇보다 중요한 것은 이 세 가지 차원들의 내용이 계속해서 변하고 있다는 점이다. 여기서, "한 산업 안에서 경쟁자들은 같은 방식으로 경쟁하고, 같은 장소에서 경쟁하며, 경쟁의 룰도 같은 것을 적용받는다"는 5-Forces Model과는 차이가 나게 된다.
- 즉 5-Forces Model 분석은 특정 시점에서 고정적인 환경을 분석하며, 시간이 지나도 산업 내의 경쟁환경이 안정적이며 변하지 않는다고 가정을 하는 약점을 지닌다. 각 요소들이 시간이 지나면서 어떤 방향으로, 어떤 속도로 변할 것인지는 고려하지 못한다.
- 따라서 더 현실적이며 실용적인 Output을 도출하기 위해 다이나믹 산업분석 Tool을 사용한다.

어떻게 써야 하는가

- 주어진 산업에서 3개의 차원들, 고객-제품-기술에 적당한 이름을 붙일 필요가 있다. 다만 축들의 변수들이 반드시 연속선상에 있을 필요는 없다.
- 본 분석 Tool을 통해 이미 산업에 들어와 있는 기존의 기업들이 같은 방식으로 경쟁한다는 가정을 벗어나 동태적인 경쟁사 전략을 검토할 수 있도록 해야 한다.

주의할 것은 무엇인가

- 현재 활용되고 있는 전략뿐 아니라 미래에 확장될 수 있는 범위의 전략까지 고려하는 것이 중요하다.

- Bourgeois, L.J., Duhaime, I.M. & Stimpert, J.L. 2001. *Strategies Management Concise*: A Managerial Perspective. Harcourt College Publishers에서 인용하고 Workshop용으로 활용하였다

작성 예시

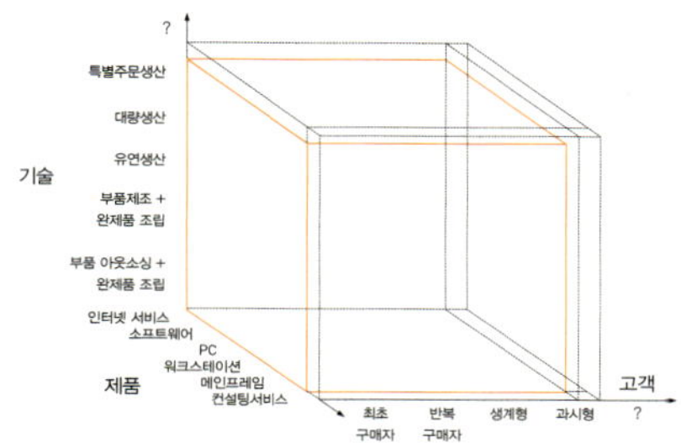
?
특별주문생산
대량생산
유연생산
기술
부품제조 +
완제품 조립
부품 아웃소싱 +
완제품 조립
인터넷 서비스
소프트웨어
PC
워크스테이션
제품
메인프레임
컨설팅서비스
고객
최초
구매자
반복
구매자
생계형
과시형
?

05 다이나믹 산업분석

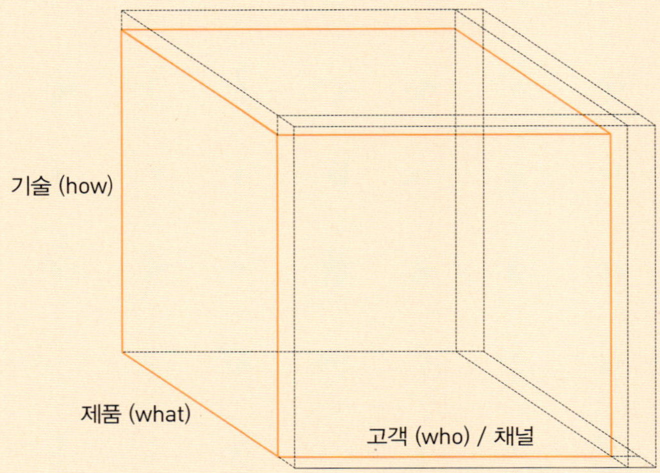

- 고객의 경우 산업에 따라 분류가 상이할 수 있다. 축 상의 변수들은 반드시 연속선상에 있을 필요가 없기 때문에 전략적으로 세그먼트화할 수 있다.
- 예를 들면 자동차산업의 경우 최초구매자와 반복구매자로 분류할 수 있으며, 식품산업의 경우 고객의 연령대별로 분류할 수 있을 것이다.
- 제품의 경우 너무 광범위하게 정의해서도 안되지만, 미래에 산업이 확장될 것까지 고려하자면 또 너무 협소하게 정의해서도 곤란하다.
- 예를 들어 컴퓨터산업의 경우 하드웨어 제조업체만이 아닌 소프트웨어와 서비스 등을 포함시켜 광범위하게 이름을 붙임으로써 어떻게 컴퓨터 산업이 발전해 왔으며, 제품차원을 기준으로 했을 때 어떤 영역이 다른 영역보다 더 경쟁자가 많고 경쟁이 심한가를 한눈에 볼 수 있는 이점이 있다.
- 기술 축의 예를 들면 자동차산업의 경우 특별주문생산-대량생산-유연생산으로 구분할 수 있을 것이다.

Facilitator Tip

- 3D 형태의 직육면체로 작성하는 것이 어려울 경우, 방사 형태로 고객, 제품, 기술 3개의 선을 그려 해당 선에 세그먼트를 작성할 수 있다.

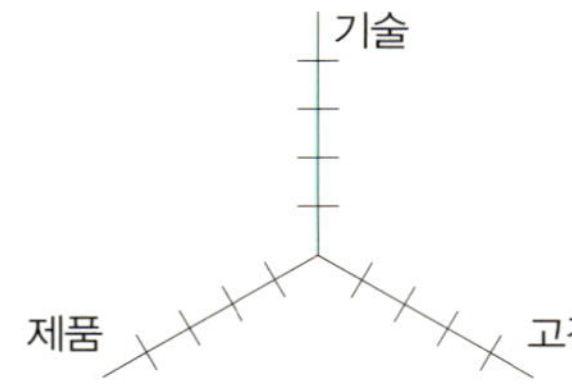

05 다이나믹 산업분석: 예시

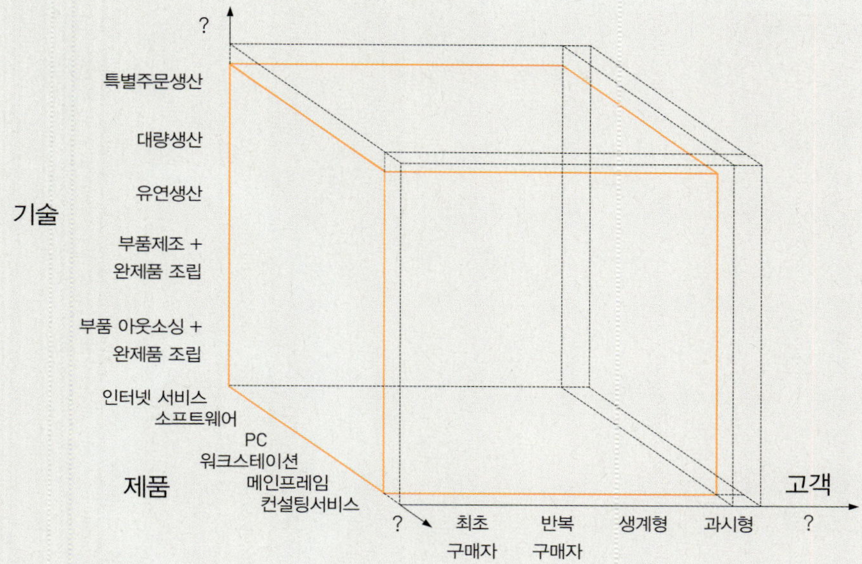

Facilitator Tip

- 다이나믹 산업분석 모델을 쓰는 목적은 기존의 5-Forces Model과 같은 기존의 산업분석 모델의 한계를 벗어나기 위함임을 상기시킨다. 동태적인 환경에 대응하기 위한 방법으로 고안된 것인바, 보다 상세한 내용은 「TOP을 위한 전략경영」 제4장을 참고한다.

06

역량 및 자원 분석

Step1. Ice-Breaking

현황파악

(01) Issue Tree

Step2. 환경분석

외부환경분석

(02) 중장기 사업환경 분석
(03) 사업 매력도 분석
(04) 경쟁자 분석
(05) 다이나믹 산업분석

내부환경분석

(06) 역량 및 자원 분석
(07) 가치사슬 분석

Step3. Vision 수립

Vision 수립

(08) Vision 수립

Step4. 전략수립

우선사업평가

(09) GE Matrix
(10) 매력도 낮은 사업의 구조변경 가능성 분석
(11) 사업/제품 우선순위 평가

경쟁전략 수립

(12) 핵심성공요인 분석
(13) 가치제안 분석
(14) 전략캔버스 분석

전략 구체화

(15) 진입전략 수립

Step5. 전략과제 도출

전략과제 도출

(16) 전략과제 도출

06 역량 및 자원 분석

사업을 운영하기 위해 요구되는 다양한 역량을 나열하고 해당 역량에 대한 수준을 진단해보는 Tool이다.

왜 써야 하는가

- 많은 조직자원들과 역량들을 개별적으로는 평가하기 어렵다. 최대한 체계적 방법으로 정리를 해야 하는바 어느 정도의 주관적 평가가 개입되어야 한다.
- 본 분석 Tool을 통해 집중적으로 강화 혹은 개선해야 하는 역량을 명확히 판단할 수 있다.

어떻게 써야 하는가

- 본 분석 Tool은 2가지 과제로 구성되어 있다.
  1) 역량 정의: 기능별 핵심역량을 정의한다.
  2) 역량 진단: 역량별 경쟁우위와 전략적 중요도를 진단한다.

주의할 것은 무엇인가

- 조직 내 많은 사람들이 상당히 비슷한 방식으로 역량을 정의할 수 있도록 해야 한다. 그렇지 않을 경우 역량 축적 과정에서 혼란이 오거나 노력이 분산될 수 있다.
- 본 분석에 있어 신입사원은 논의에서 제외하는 것이 바람직하며 가급적 사업과 회사의 상황을 이해하는 간부급 이상의 직원이 참여하는 것이 가장 좋다.

- Grabt, R.M. 2005. *Contemporary Strategy Analysis*. 5th edition에서 인용하고 Workshop용으로 활용하였다

작성 예시

R&D / Technology	마케팅 (Marketing)	기획 및 전략 (Planning & Strategy)
1. R&D과제 발굴 및 선정의 적정성	17. 마케팅 전략/계획의 효과성	32. 비전 수립 및 공유/확산
2. 프로젝트 관리 및 운영능력	18. 시장 수요예측 및 분석능력	33. 전략 수립 및 실행
3. 핵심기술 보유 수준(원천/응용)	19. 고객 데이터 수집 및 분석 능력	34. 전략적 제휴 및 협상력
4. 개발제품 상용화/상품화 정도	20. 상품/서비스 개발 능력(4P)	35. 사업목표 수립 및 조정, 성과 평가
5. 연구원의 연구역량 및 자질	21. Brand Value 제고력	36. 신규 사업 개발 및 추진

구매 (Procurement)	영업 (Sales)	인사 / 조직 관리 (HR & Admin)
6. 구매선의 다각화 및 안정화 정도	22. 영업조직의 효율성	37. 의사결정 구조 및 신속성
7. 구매가격 협상력	23. 영업인력의 전문성(Skill)	38. 권한/위임체계의 명확성
8. 시장가격 대비 D/C 수준	24. 영업활동 지원 체계	39. 보고 및 통제구조의 간결성
9. 적기 공급 능력	25. 영업채널의 효과성	40. 직무기술의 구체성
10. 구매 과정의 투명성	26. 신규고객 창출 수준	41. 인력배치의 적정성

네트워크 운영 (Network Operation)	고객 지원/ 서비스 (C/S)
11. 네트워크의 안정성	27. 고객관리 시스템의 우수성
12. 고객정보의 안전성/보안성	28. 기존고객 유지도 및 충성도
13. 고객의 접근 편의성	29. C/S 활동에 대한 고객 만족도
14. 서비스 속도 및 균일성	30. C/S 채널의 적합성 및 편의성
15. 효율적인 업무협조체제 구축	31. 고객과의 친밀도(Intimacy)
16. 재해에 대한 위험관리 수준	

42. 교육 및 훈련 프로그램의 질
43. 평가/보상의 공정성 및 투명성
44. 협력적 노사관계 정도
45. 경영진의 리더십 수준

Function	역량	전략적 중요도					경쟁우위				
R&D / Technology	1. R&D과제 발굴 및 선정의 적정성	1	②	3	4	5	1	2	③	4	5
	2. 프로젝트 관리 및 운영능력	1	2	3	④	5	1	②	3	4	5
	3. 핵심기술 보유 수준(원천/응용)	1	2	③	4	5	1	2	③	4	5
	4. 개발제품 상용화/상품화 정도	①	2	3	4	5	1	2	3	4	⑤
	5. 연구원의 연구역량 및 자질	1	2	3	4	⑤	1	2	3	④	5
구매 (Procurement)	6. 구매선의 다각화 및 안정화 정도	1	2	③	4	5	1	2	③	4	5
	7. 구매가격 협상력	1	②	3	4	5	1	2	③	4	5
	8. 시장가격 대비 D/C 수준	1	2	3	④	5	①	2	3	4	5
	9. 적기 공급 능력	1	②	3	4	5	1	②	3	4	5
	10. 구매 과정의 투명성	1	2	3	4	⑤	1	2	3	④	5
네트워크 운영 (Network Operation)	11. 네트워크의 안정성	1	2	3	④	5	1	2	③	4	5
	12. 고객정보의 안전성/보안성	1	2	③	4	5	1	2	3	4	⑤
	13. 고객의 접근 편의성	1	2	③	4	5	1	2	③	4	5
	14. 서비스 속도 및 균일성	1	2	3	④	5	①	2	3	4	5
	15. 효율적인 업무협조체제 구축	1	②	3	4	5	1	2	3	④	5

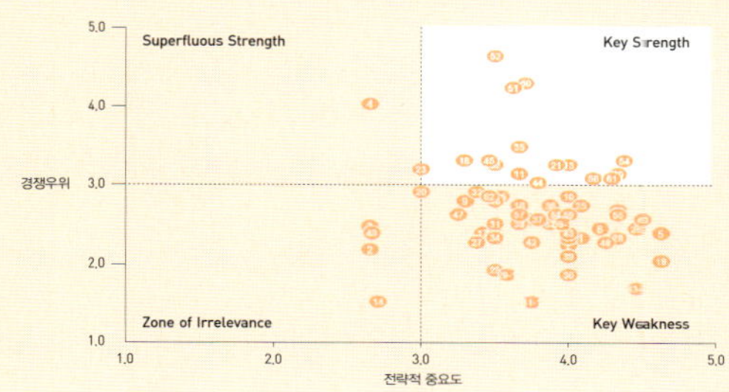

종합코멘트

06 역량 및 자원 분석

Function A	Function B	Function C
1. 필요 역량	16. 필요 역량	31. 필요 역량
2. 필요 역량	17. 필요 역량	32. 필요 역량
3. 필요 역량	18. 필요 역량	33. 필요 역량
4. 필요 역량	19. 필요 역량	34. 필요 역량
5. 필요 역량	20. 필요 역량	35. 필요 역량
Function D	**Function E**	**Function F**
6. 필요 역량	21. 필요 역량	36. 필요 역량
7. 필요 역량	22. 필요 역량	37. 필요 역량
8. 필요 역량	23. 필요 역량	38. 필요 역량
9. 필요 역량	24. 필요 역량	39. 필요 역량
10. 필요 역량	25. 필요 역량	40. 필요 역량
Function G	**Function H**	**Function I**
11. 필요 역량	26. 필요 역량	41. 필요 역량
12. 필요 역량	27. 필요 역량	42. 필요 역량
13. 필요 역량	28. 필요 역량	43. 필요 역량
14. 필요 역량	29. 필요 역량	44. 필요 역량
15. 필요 역량	30. 필요 역량	45. 필요 역량

- 각 기능들을 세분하여 해당 역량이나 자원을 최대한 자세하게 나열한다. 이 과정은 간부급 이상 소수가 팀을 이루어 기초적인 리스트를 만들고, 내부적으로 검토, 수정, 정리하는 과정을 거친다. 백지상태에서 시작하기보다는 예시를 토대로 추가, 삭제, 수정을 하는 것이 현실적이다.
- Workshop 전에 시간을 두고 리스트를 완성하면 그만큼 Workshop의 시간도 절약되고 분석에 시간을 더 쓸 수 있다. 시간이 여의치 않은 경우는 예비 리스트를 기초로 Workshop 과정에서 시간을 할애하여 분석 전에 리스트를 정비하는 시간을 가질 수 있다.

Facilitator Tip

- 가치사슬(Value Chain)의 단계에 따라 활동, 자원 및 역량을 세분화하고 회사의 상황에 익숙한 직원들에게 평가를 하게 하면 상당히 객관적인 평가를 할 수 있다.

06 역량 및 자원 분석: 예시

R&D / Technology

1. R&D과제 발굴 및 선정의 적정성
2. 프로젝트 관리 및 운영능력
3. 핵심기술 보유 수준(원천/응용)
4. 개발제품 상용화/상품화 정도
5. 연구원의 연구역량 및 자질

구매 (Procurement)

6. 구매선의 다각화 및 안정화 정도
7. 구매가격 협상력
8. 시장가격 대비 D/C 수준
9. 적기 공급 능력
10. 구매 과정의 투명성

네트워크 운영 (Network Operation)

11. 네트워크의 안정성
12. 고객정보의 안전성/보안성
13. 고객의 접근 편의성
14. 서비스 속도 및 균일성
15. 효율적인 업무협조체제 구축
16. 재해에 대한 위험관리 수준

마케팅 (Marketing)

17. 마케팅 전략/계획의 효과성
18. 시장 수요예측 및 분석능력
19. 고객 데이터 수집 및 분석 능력
20. 상품/서비스 개발 능력(4P)
21. Brand Value 제고력

영업 (Sales)

22. 영업조직의 효율성
23. 영업인력의 전문성(Skill)
24. 영업활동 지원 체계
25. 영업채널의 효과성
26. 신규고객 창출 수준

고객 지원/ 서비스 (C/S)

27. 고객관리 시스템의 우수성
28. 기존고객 유지도 및 충성도
29. C/S 활동에 대한 고객 만족도
30. C/S 채널의 적합성 및 편의성
31. 고객과의 친밀도(Intimacy)

기획 및 전략 (Planning & Strategy)

32. 비전 수립 및 공유/확산
33. 전략 수립 및 실행
34. 전략적 제휴 및 협상력
35. 사업목표 수립 및 조정, 성과 평가
36. 신규 사업 개발 및 추진

인사 / 조직 관리 (HR & Admin)

37. 의사결정 구조 및 신속성
38. 권한/위임체계의 명확성
39. 보고 및 통제구조의 간결성
40. 직무기술의 구체성
41. 인력배치의 적정성
42. 교육 및 훈련 프로그램의 질
43. 평가/보상의 공정성 및 투명성
44. 협력적 노사관계 정도
45. 경영진의 리더십 수준

06 역량 및 자원 분석

Function	역량	전략적 중요도					경쟁우위				
Function A	1.	1	2	3	4	5	1	2	3	4	5
	2.	1	2	3	4	5	1	2	3	4	5
	3.	1	2	3	4	5	1	2	3	4	5
	4.	1	2	3	4	5	1	2	3	4	5
	5.	1	2	3	4	5	1	2	3	4	5
Function B	6.	1	2	3	4	5	1	2	3	4	5
	7.	1	2	3	4	5	1	2	3	4	5
	8.	1	2	3	4	5	1	2	3	4	5
	9.	1	2	3	4	5	1	2	3	4	5
	10.	1	2	3	4	5	1	2	3	4	5
Function C	11.	1	2	3	4	5	1	2	3	4	5
	12.	1	2	3	4	5	1	2	3	4	5
	13.	1	2	3	4	5	1	2	3	4	5
	14.	1	2	3	4	5	1	2	3	4	5
	15.	1	2	3	4	5	1	2	3	4	5

- 강점과 약점의 평가는 정확한 수학이 아니라 주관적인 평가가 개입할 수밖에 없어서 엄격한 수치부여가 곤란하지만, 최대한 체계적인 방법으로 정리를 하는 단계가 필요하다.
- 각각의 자원과 역량들의 전략적 중요도를 평가한다. 1(중요하지 않음)에서 5(매우 중요함)까지 5점 척도를 활용한다.
- 각각의 자원과 역량들을 경쟁자와 비교하여 강약점 정도를 평가한다. 역시 1(경쟁력 없음)에서 5(경쟁력 높음)의 숫자를 부여한다. 물론 어떤 경쟁자를 비교대상으로 하는가에 따라 평가결과가 달라질 수 있으므로 경쟁자를 기 정의하여 기준점을 제공할 필요가 있다.

06 역량 및 자원 분석: 예시

Function	역량	전략적 중요도					경쟁우위				
R&D / Technology	1. R&D과제 발굴 및 선정의 적정성	1	②	3	4	5	1	2	③	4	5
	2. 프로젝트 관리 및 운영능력	1	2	3	④	5	1	②	3	4	5
	3. 핵심기술 보유 수준(원천/응용)	1	2	③	4	5	1	2	③	4	5
	4. 개발제품 상용화/상품화 정도	①	2	3	4	5	1	2	3	4	⑤
	5. 연구원의 연구역량 및 자질	1	2	3	4	⑤	1	2	3	④	5
구매 (Procurement)	6. 구매선의 다각화 및 안정화 정도	1	2	③	4	5	1	2	③	4	5
	7. 구매가격 협상력	1	②	3	4	5	1	2	③	4	5
	8. 시장가격 대비 D/C 수준	1	2	3	④	5	①	2	3	4	5
	9. 적기 공급 능력	1	②	3	4	5	1	②	3	4	5
	10. 구매 과정의 투명성	1	2	3	4	⑤	1	2	3	④	5
네트워크 운영 (Network Operation)	11. 네트워크의 안정성	1	2	3	④	5	1	2	③	4	5
	12. 고객정보의 안전성/보안성	1	2	③	4	5	1	2	3	4	⑤
	13. 고객의 접근 편의성	1	2	③	4	5	1	2	③	4	5
	14. 서비스 속도 및 균일성	1	2	3	④	5	①	2	3	4	5
	15. 효율적인 업무협조체제 구축	1	②	3	4	5	1	2	3	④	5

06 역량 및 자원 분석

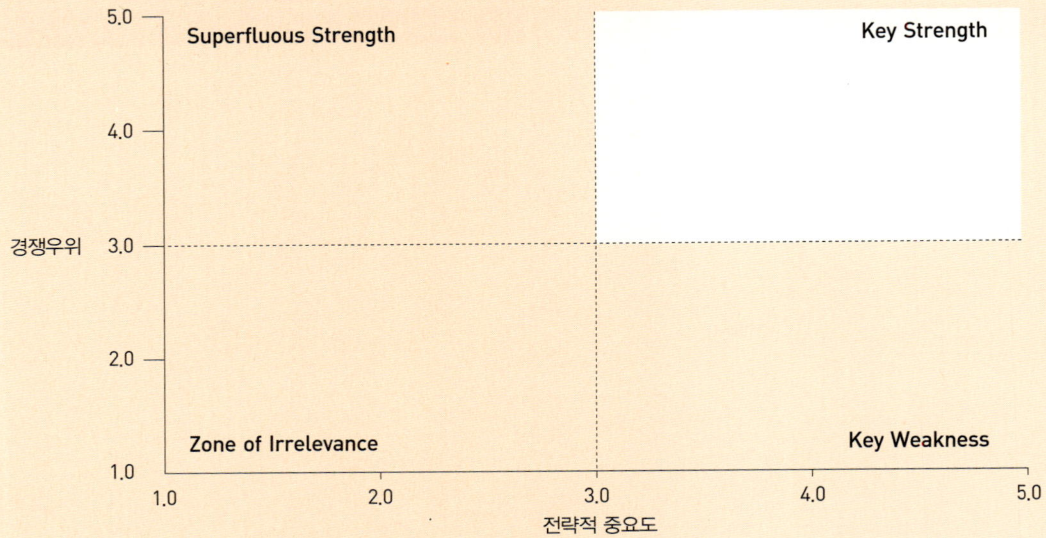

종합코멘트

- 본 Rating은 즉시 종합적인 매트릭스에 의해 표현될 필요가 있다. 조원 중 1인을 지정하여 해당 매트릭스를 그리도록 한다.
  1) 엑셀 Template 제공: 중요도와 경쟁우위 점수 부여시 자동으로 그래프가 그려질 수 있도록 함수가 지정된 Template을 제공한다.
  2) Paper 활용: Paper에 매트릭스를 그려놓고 Rating하는 즉시 해당 역량의 위치를 그릴 수 있도록 한다.

Facilitator Tip

- 매트릭스 상에서의 점(역량)은 각 기능별로 색깔을 차별화하는 것이 좋다.
  예를 들면 R&D는 빨간색, 생산은 파란색 등이다.

06 역량 및 자원 분석: 예시

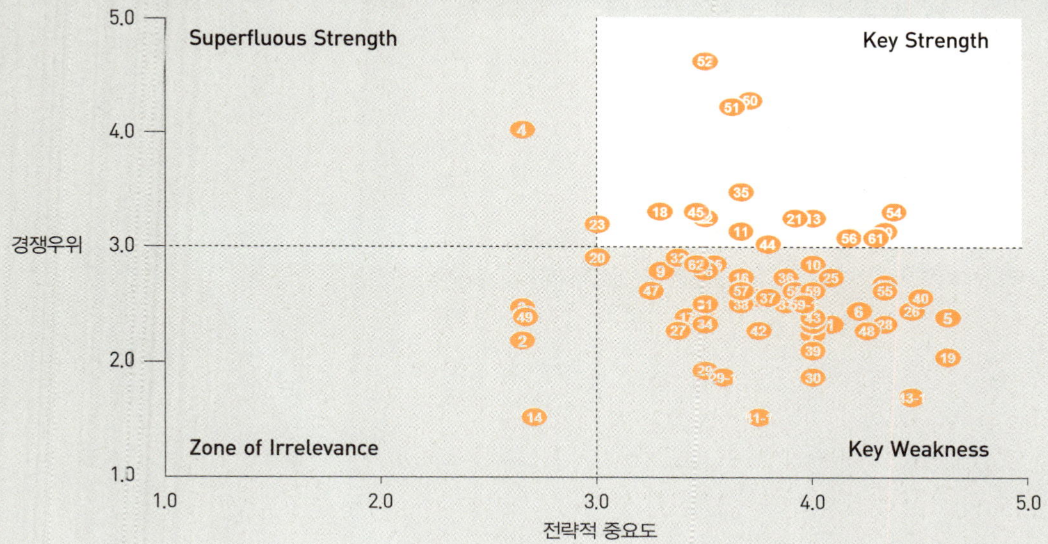

종합코멘트

07

가치사슬 분석

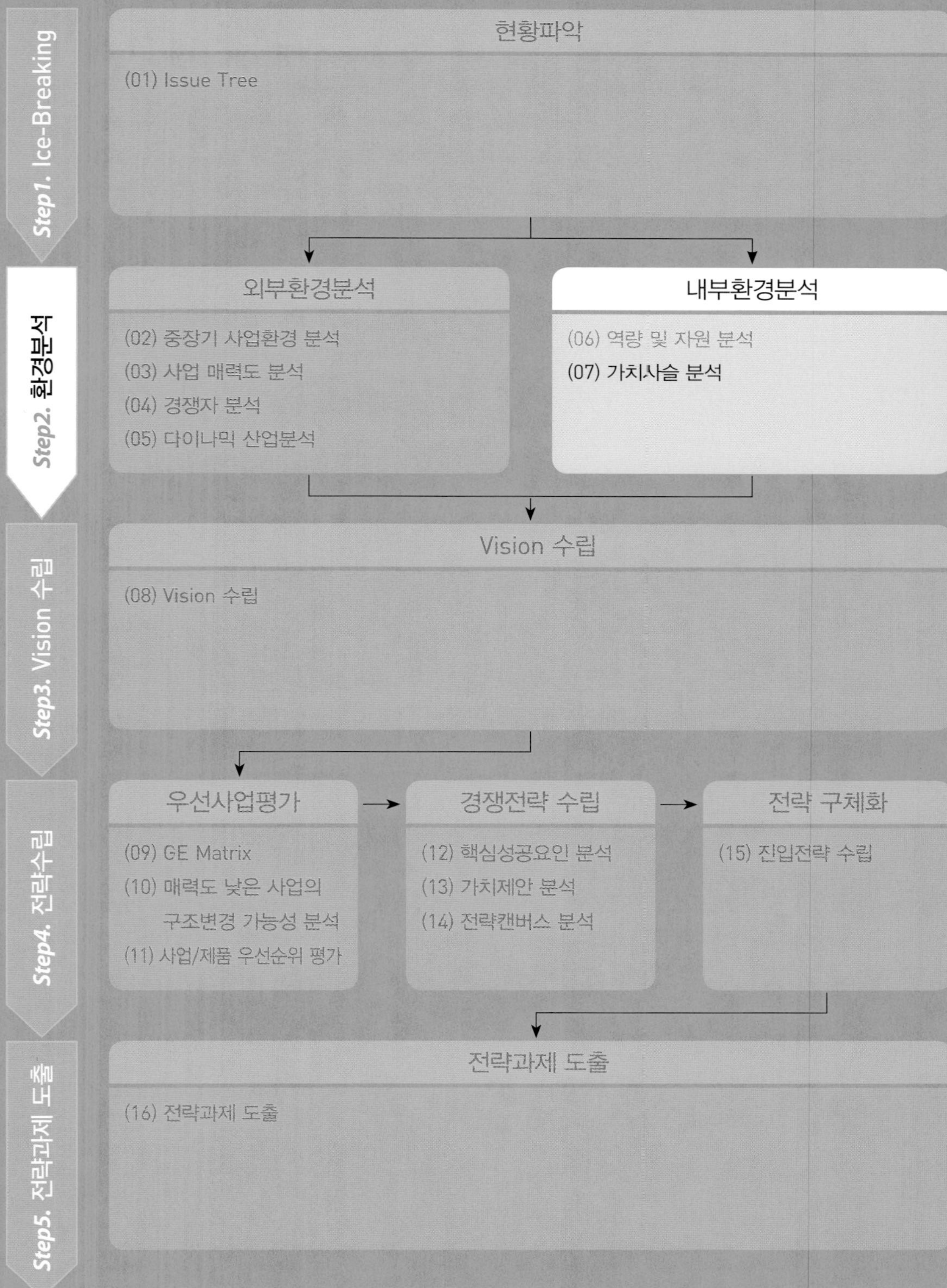
Step1. Ice-Breaking
현황파악
(01) Issue Tree
Step2. 환경분석
외부환경분석
(02) 중장기 사업환경 분석
(03) 사업 매력도 분석
(04) 경쟁자 분석
(05) 다이나믹 산업분석
내부환경분석
(06) 역량 및 자원 분석
(07) 가치사슬 분석
Step3. Vision 수립
Vision 수립
(08) Vision 수립
Step4. 전략수립
우선사업평가
(09) GE Matrix
(10) 매력도 낮은 사업의
구조변경 가능성 분석
(11) 사업/제품 우선순위 평가
경쟁전략 수립
(12) 핵심성공요인 분석
(13) 가치제안 분석
(14) 전략캔버스 분석
전략 구체화
(15) 진입전략 수립
Step5. 전략과제 도출
전략과제 도출
(16) 전략과제 도출

07 가치사슬 분석

기업은 여러 가지 물건을 만든다든지, 자재를 구입한다든지 하는 여러 가지 활동을 통하여 가치를 창조해 내는 조직이다. 이때 가치라는 것은 그 제품이나 서비스에 대해서 구매자가 얼마를 지불할 용의가 있는가 하는 정도로 결정된다. 가치를 창조하는 데 들어간 비용보다 구매자가 받아들이는 가치가 높으면 그 기업은 이윤이 생긴다. 가치사슬 분석은 이러한 기업 내부활동들 사이에 상승효과가 있는지, 있다면 얼마나 있으며, 어디에서 일어나는지를 분석하는 방법으로서, 개개의 기업활동들이 사슬처럼 연결되어 있다고 보고 그 활동들을 체계적으로 조사함으로써 기업의 강점과 약점을 더욱 잘 이해하려는 것이다.

왜 써야 하는가

- Value Chain의 유형은 전략에 따라 차별화될 수 있는데 본 분석 Tool을 통해 자사의 Value Chain 유형을 확인할 수 있다.
- 전략에 따라 구성된 Value Chain이 해당 목적을 잘 수행할 수 있는 구조인지, 개선해야 할 점이 어떠한 것인지 파악할 수 있다.
- 각 활동 부문이 기업 전체에서 지니는 위치와 효율성을 분석함으로써 내부경쟁력의 개선을 기할 수 있을 뿐 아니라, 향후 기업의 전략수립의 토대를 파악할 수 있게 한다.

어떻게 써야 하는가

- 본 분석 Tool은 3가지 과제로 구성된다.
  1) Value Chain 작성: 사업군이 여러 개일 경우 특정 사업군의 Value Chain을, 사업군이 한 개일 경우 해당 기업의 Value Chain을 작성한다.
  2) Value Chain 공통 범위 검토: 2개 이상의 사업을 보유하였을 경우 공통으로 활용되는 Value Chain을 검토한다.
  3) Value Chain별 강/약점 진단: Value Chain별 필요역량, 경쟁사 수준, 자사 역량 수준을 진단한다.

주의할 것은 무엇인가

- Value Chain에 대한 개념이 명확히 이해된 후 작성될 필요가 있다. 따라서 논의를 리드하는 조원이 이에 대한 개념을 Workshop 대상자들에게 충분히 설명한 후 작성해야 한다.

- Porter, M.E. 1980. *Competitive Strategy: Techniques for Analyzing Industries and Competitors*. New York: The Free Press에서 인용하고 Workshop용으로 활용하였다.

작성 예시

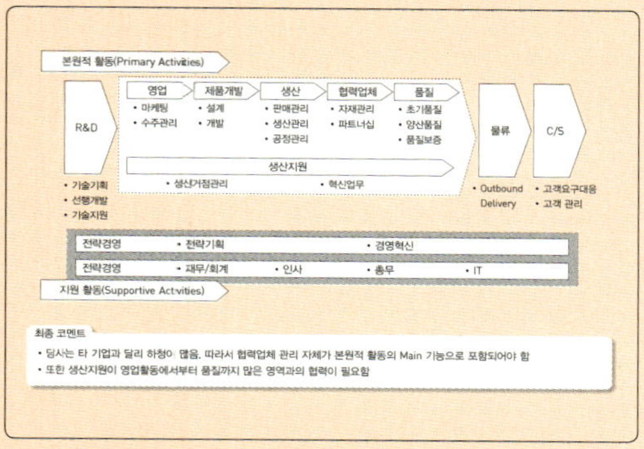
본원적 활동(Primary Activities)
R&D
영업
제품개발
생산
협력업체
품질
물류
C/S
생산지원
전략경영
지원 활동(Supportive Activities)
최종 코멘트
• 당사는 타 기업과 달리 하청이 많음, 따라서 협력업체 관리 자체가 본원적 활동의 Main 기능으로 포함되어야 함
• 또한 생산지원이 영업활동에서부터 품질까지 많은 영역과의 협력이 필요함

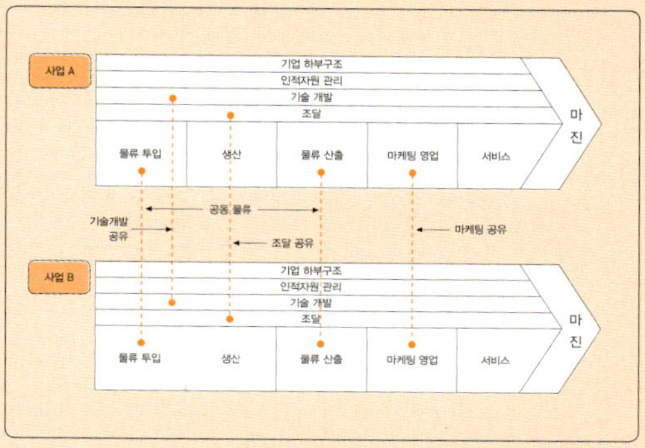
사업 A
사업 B
기업 하부구조
인적자원 관리
기술 개발
조달
물류 투입
생산
물류 산출
마케팅 영업
서비스
마진
공동 물류
기술개발 공유
조달 공유
마케팅 공유

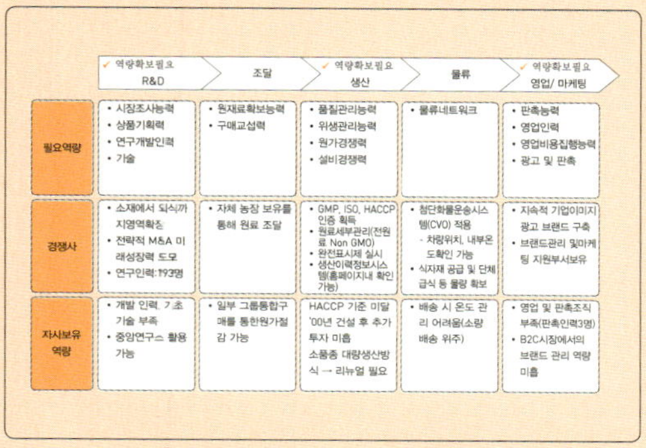
R&D
조달
생산
물류
영업/ 마케팅
필요역량
경쟁사
자사보유 역량

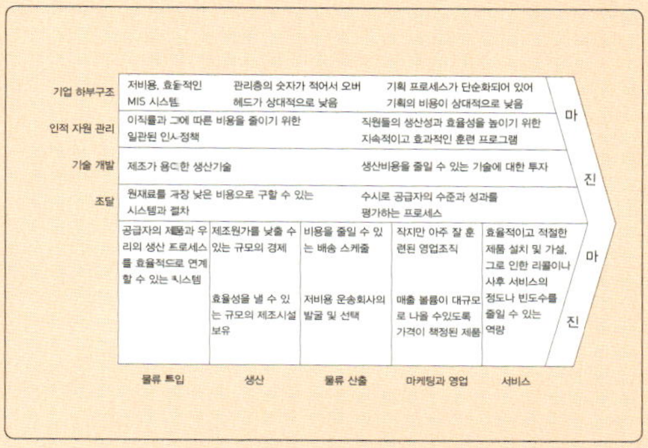
기업 하부구조
인적 자원 관리
기술 개발
조달
물류 투입
생산
물류 산출
마케팅과 영업
서비스
마진

07 가치사슬 분석

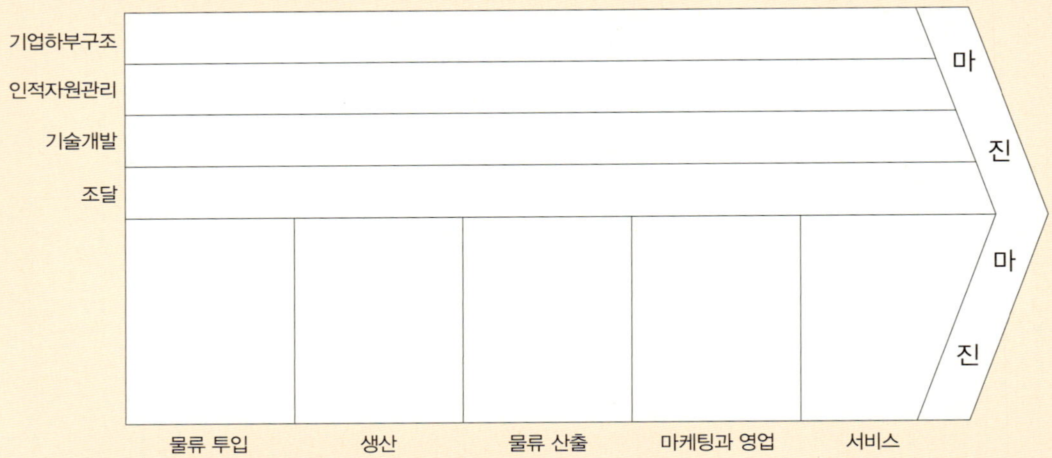

최종 코멘트

- 특정 제품의 생산이나 서비스를 제공하는 데 들어가는 각종 활동들을 파악한다. 기업의 가치창조활동은 주활동과 보조활동으로 나눌 수 있다.
- **주활동**: 제품을 실제 만들고, 마케팅하고, 배달하고, 서비스하는 활동들을 말한다.
  ① 물류 투입(Inbound Logistics of Raw Materials)
  ② 생산(Operations)
  ③ 물류 산출(Outbound Logistics of the Finished Goods)
  ④ 마케팅과 영업(Marketing and Sales)
  ⑤ 고객서비스(Customer Services)
- **보조활동**: 제조하고 판매하는 주활동들이 원활하게 이루어질 수 있도록 지원하는 활동들을 말한다.
  ① 조달(Procurement Process): 원재료뿐 아니라 기계, 그리고 기업활동에 필요한 소모품들을 모두 대상으로 함
  ② 기술개발(Technology Development): 연구개발, 제품이나 공정의 개선
  ③ 인적자원관리(Human Resource Management): 채용, 교육훈련, 평가, 보상 등
  ④ 기업하부구조(Firm Infrastructure): 일반관리, 회계, 재무, 법률자문, 대정부 관계활동 등
- 주활동과 보조활동을 파악하고 나면 여러가지 활동들 사이에 연결이 어떻게 되고 있는가를 점검한다. 즉, 하나의 활동이 어떻게 수행되느냐에 따라 다음에 연결될 활동의 비용이 영향을 어떻게 받는가를 분석하는 것이다.

Facilitator Tip

- 그림 안의 각 활동 항목들은 최대한 자세한 표현으로 하고, 그림만으로는 제3자가 이해하기 쉽지 않으므로 반드시 "최종 코멘트" 난을 만들거나 별도의 장표로 만들어 설명하도록 한다. 결국 "그래서 어쨌다는 것이냐"라는 질문을 스스로 해 보고 어떤 영역에 어떤 강점과 약점이 있는지 그것들이 어떤 전략적인 의미를 갖는지 생각해 보아야 한다.

07 가치사슬 분석: 예시

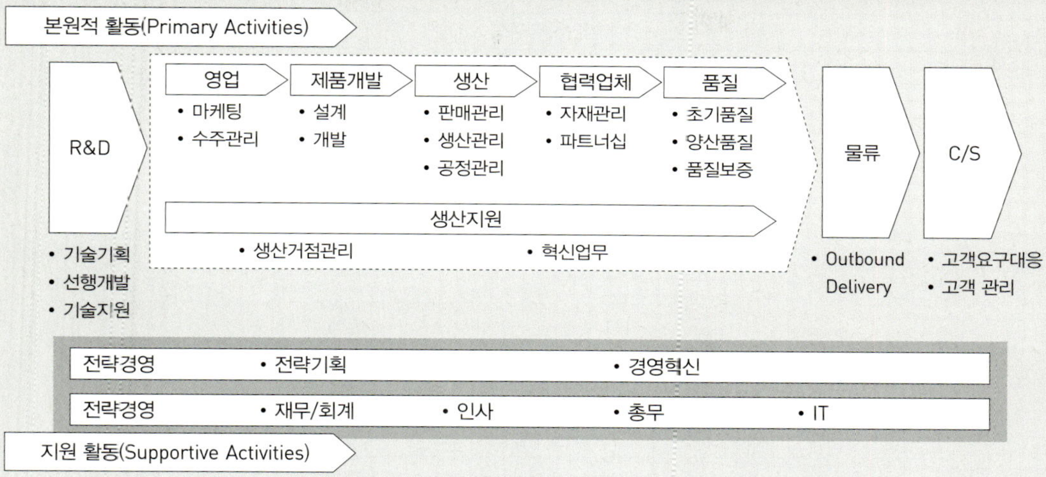

최종 코멘트

- 당사는 타 기업과 달리 하청이 많음. 따라서 협력업체 관리 자체가 본원적 활동의 Main 기능으로 포함되어야 함
- 또한 생산지원이 영업활동에서부터 품질까지 많은 영역과의 협력이 필요함

Facilitator Tip

- Value Chain 정보를 종합하는 선에서 끝나지 않아야 한다. 해당 정보를 바탕으로 현재 강/약점이 무엇인지, 외부환경에 대응하기 위해 어떠한 변화가 있어야 하는지에 대한 코멘트를 반드시 작성하도록 유도한다.

07 가치사슬 분석

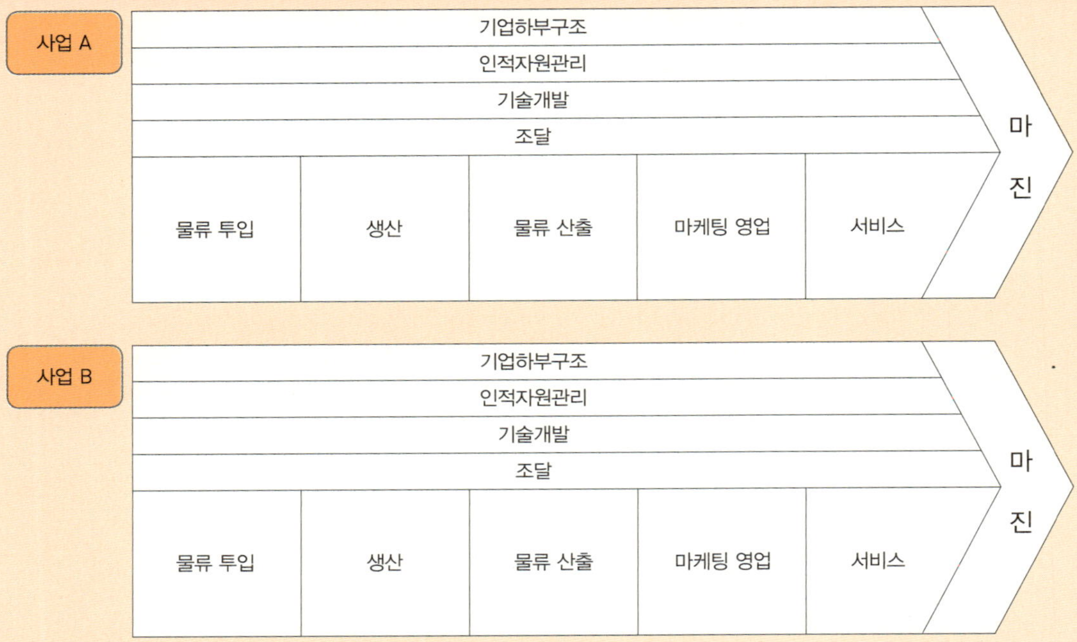

- 한 제품이나 서비스 안에서 활동들 사이에 상승효과가 있는가 뿐만 아니라, 다른 제품이나 서비스를 만들어 내는 활동들 사이에도 상승효과가 있는가 하는 것이다. 이것을 각 활동의 비용을 최소화하는 규모의 경제와 비교하여 범위의 경제라고 한다. 범위의 경제는 두 개 이상의 제품이나 서비스의 Value Chain이 어떤 활동들을 함께 사용할 때 일어난다. 예를 들어, 두 가지의 제품을 만들기 위하여 개별적인 공장을 사용하는 것보다 하나의 시설에서 만들 수 있다면, 그리고 하나의 마케팅 채널을 통해서 판매를 할 수 있다면 많은 비용이 절감될 것이다.

Facilitator Tip

- 본 분석은 단일 사업으로 구성되어 있을 경우 작성할 필요가 없다.

07 가치사슬 분석: 예시

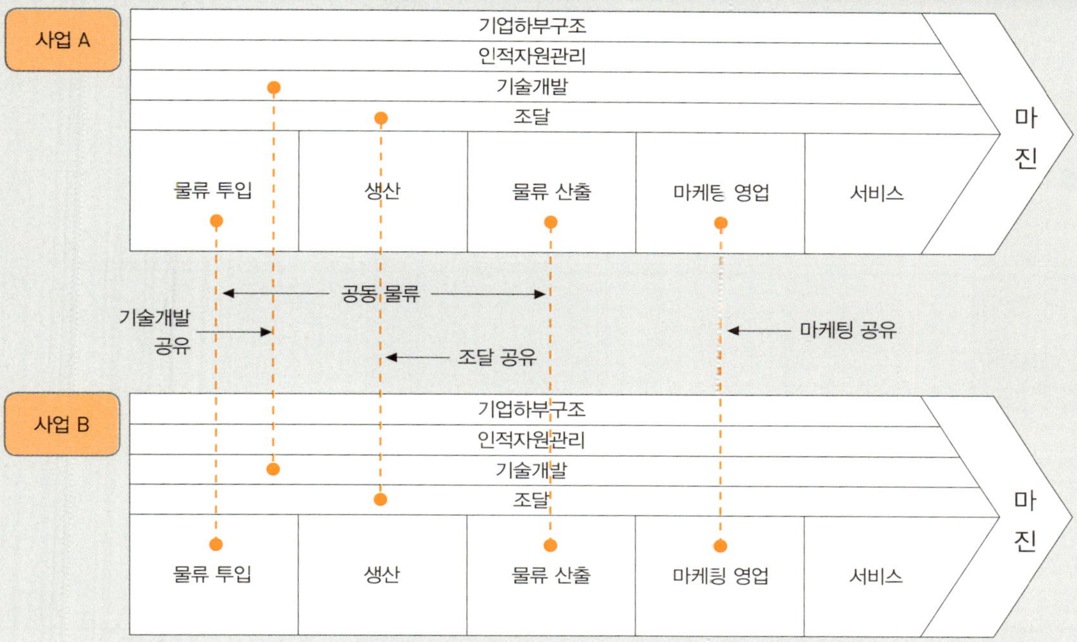
사업 A
기업하부구조
인적자원관리
기술개발
조달
물류 투입
생산
물류 산출
마케팅 영업
서비스
마진
공동 물류
기술개발 공유
조달 공유
마케팅 공유
사업 B
기업하부구조
인적자원관리
기술개발
조달
물류 투입
생산
물류 산출
마케팅 영업
서비스
마진

07 가치사슬 분석

	Function A	Function B	Function C	Function D	Function E
필요역량					
경쟁사					
자사보유 역량					

- 앞서 정의한 Value Chain에 따라 자사가 필요한 역량, 경쟁사 역량 수준 그리고 자사의 역량 수준을 작성하도록 한다.
- [(6) 역량 및 자원 분석]을 기수행하였을 경우 해당 내용을 기반으로 작성하여도 무관하다.
- 역량수준 검토 후 각 Value Chain별 역량 강화가 필요한 부분을 체크하도록 한다.

Facilitator Tip

- 단순히 역량명만을 적는 것이 아니라, 해당 역량 수준을 파악할 수 있는 구체적인 근거를 작성하도록 유도해야 한다. 즉, 필요역량이 A이면 A가 왜 필요하다고 판단했는지에 대한 수준을 작성해야 한다.

07 가치사슬 분석: 예시

	✓ 역량확보필요 R&D	조달	✓ 역량확보필요 생산	물류	✓ 역량확보필요 영업/ 마케팅
필요역량	• 시장조사능력 • 상품기획력 • 연구개발인력 • 기술	• 원재료확보능력 • 구매교섭력	• 품질관리능력 • 위생관리능력 • 원가경쟁력 • 설비경쟁력	• 물류네트워크	• 판촉능력 • 영업인력 • 영업비용집행능력 • 광고 및 판촉
경쟁사	• 소재에서 외식까지영역확장 • 전략적 M&A 미래성장력 도모 • 연구인력:193명	• 자체 농장 보유를 통해 원료 조달	• GMP, ISO, HACCP 인증 획득 • 원료세부관리(전원료 Non GMO) • 완전표시제 실시 • 생산이력정보시스템(홈페이지 내 확인 가능)	• 첨단화물운송시스템(CVO) 적용 - 차량위치, 내부온도확인 가능 • 식자재 공급 및 단체급식 등 물량 확보	• 지속적 기업이미지 광고 브랜드 구축 • 브랜드관리 및마케팅 지원부서보유
자사보유 역량	• 개발 인력, 기초 기술 부족 • 중앙연구소 활용 가능	• 일부 그룹통합구매를 통한원가절감 가능	HACCP 기준 미달 '00년 건설 후 추가 투자 미흡 소품종 대량생산방식 → 리뉴얼 필요	• 배송 시 온도 관리 어려움(소량 배송 위주)	• 영업 및 판촉조직 부족(판촉인력3명) • B2C시장에서의 브랜드 관리 역량 미흡

07 가치사슬 분석

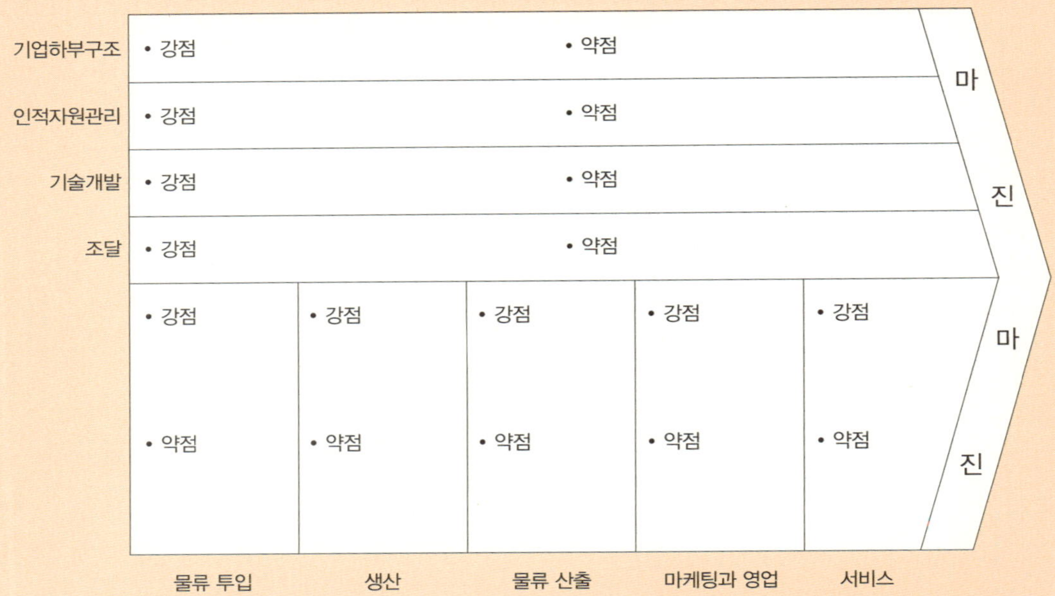

- 앞서 분석한 가치사슬 분석을 토대로 **[(06) 역량 및 자원 분석]** 결과를 기재한다.
- 각 기능별 강점과 약점을 **[(06) 역량 및 자원 분석]**에서 도출된 역량명 및 역량 수준을 준용하여 기재하도록 한다.

07 가치사슬 분석: 예시

지원 활동	내용	
기업하부구조	저비용, 효율적인 MIS 시스템 / 관리층의 숫자가 적어서 오버헤드가 상대적으로 낮음	기획 프로세스가 단순화되어 있어 기획의 비용이 상대적으로 낮음
인적자원관리	이직률과 그에 따른 비용을 줄이기 위한 일관된 인사정책	직원들의 생산성과 효율성을 높이기 위한 지속적이고 효과적인 훈련 프로그램
기술개발	제조가 용이한 생산기술	생산비용을 줄일 수 있는 기술에 대한 투자
조달	원재료를 가장 낮은 비용으로 구할 수 있는 시스템과 절차	수시로 공급자의 수준과 성과를 평가하는 프로세스

물류 투입	생산	물류 산출	마케팅과 영업	서비스
공급자의 제품과 우리의 생산 프로세스를 효율적으로 연계할 수 있는 시스템	제조원가를 낮출 수 있는 규모의 경제	비용을 줄일 수 있는 배송 스케줄	작지만 아주 잘 훈련된 영업조직	효율적이고 적절한 제품 설치 및 가설, 그로 인한 리콜이나 사후 서비스의 정도나 빈도수를 줄일 수 있는 역량
	효율성을 낼 수 있는 규모의 제조시설 보유	저비용 운송회사의 발굴 및 선택	매출 볼륨이 대규모로 나올 수 있도록 가격이 책정된 제품	

마진

08

Vision 수립

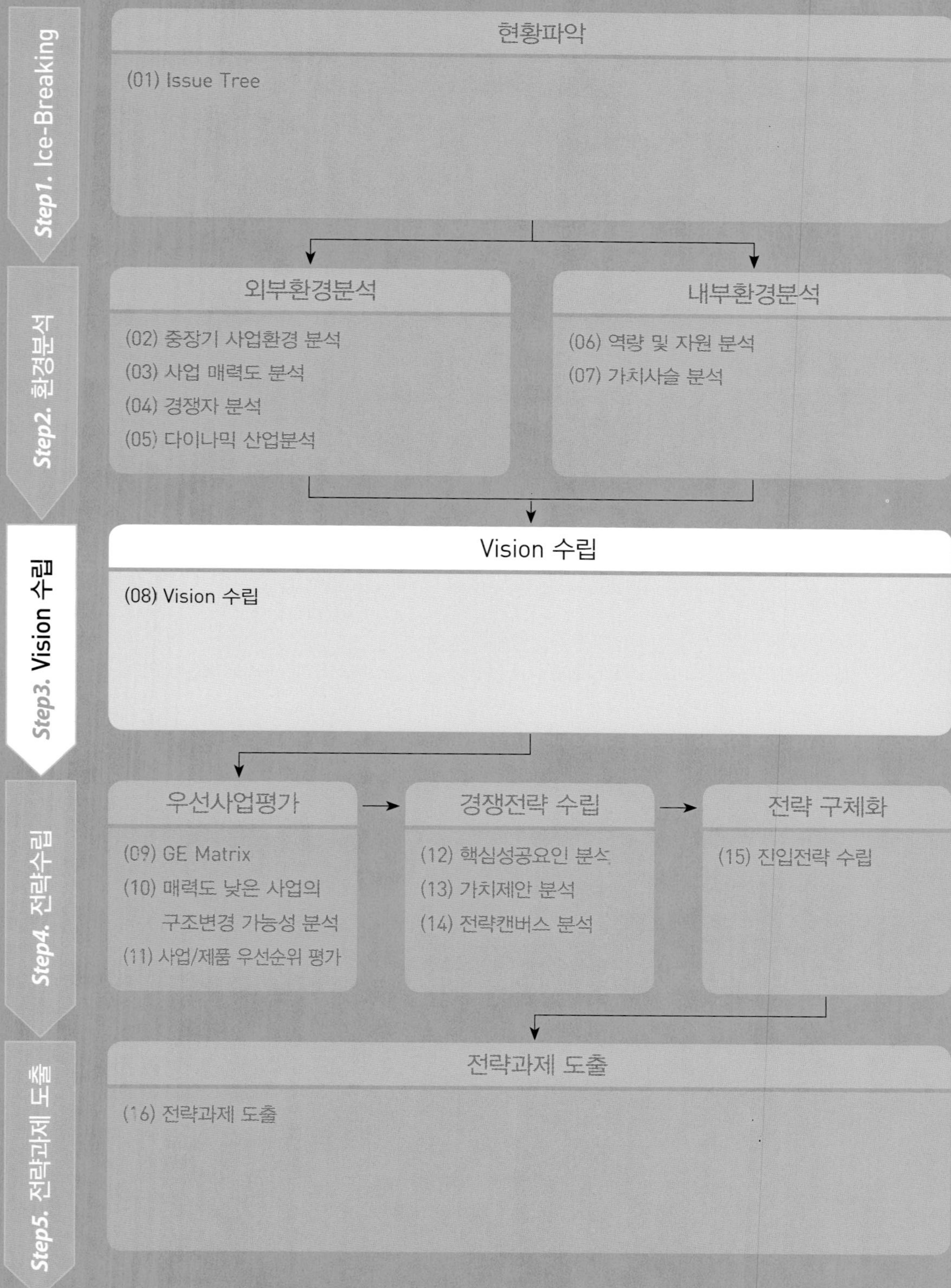

Step1. Ice-Breaking
현황파악
(01) Issue Tree
Step2. 환경분석
외부환경분석
(02) 중장기 사업환경 분석
(03) 사업 매력도 분석
(04) 경쟁자 분석
(05) 다이나믹 산업분석
내부환경분석
(06) 역량 및 자원 분석
(07) 가치사슬 분석
Step3. Vision 수립
Vision 수립
(08) Vision 수립
Step4. 전략수립
우선사업평가
(09) GE Matrix
(10) 매력도 낮은 사업의 구조변경 가능성 분석
(11) 사업/제품 우선순위 평가
경쟁전략 수립
(12) 핵심성공요인 분석
(13) 가치제안 분석
(14) 전략캔버스 분석
전략 구체화
(15) 진입전략 수립
Step5. 전략과제 도출
전략과제 도출
(16) 전략과제 도출

08 Vision 수립

타사의 Vision을 검토하여 일반적인 Vision의 유형을 검토하는 작업을 수행하며, Vision 수립 시 직원들을 참여시킴으로써 Top-down식의 Vision을 지양하고 공감대를 형성할 수 있도록 유도할 수 있는 방안이다.

왜 써야 하는가

- Vision 유형별로 타사가 표명하고 있는 Vision을 검토하여 우리의 나아갈 방향을 정하는 데 참고한다.(그대로 따라 하는 것이 아니다.) 이를 통해 Vision 수립 혹은 재수립의 정당성을 조직 구성원들에게 심어주는 근거로 삼을 수 있다.
- Vision은 현실성이 있고, 전달하기 쉽고, 간단명료해야 한다.
- 방향성(Sense of Direction), 차별성(Sense of Difference), 가치(Sense of Destiny)를 갖추어야 한다. Vision 수립 시에는 무엇보다도 공감대 형성을 통해 수립하는 것이 중요한데, Workshop 등 다양한 방법을 통해 의견을 개진할 기회를 주는 것이 바람직하다.

어떻게 써야 하는가

- 여러 유형의 리서치를 통해 동일 산업뿐만 아니라 선진기업, 동일 지역 기업군의 Vision을 검토하고, Vision 유형별로 분류한다.
- Vision 유형을 살펴본 이후 과제는 크게 3가지로 구성된다.
  1) Vision 수립을 위한 Brainstorming: Vision 수립을 위해 현재 모습과 10년 후 이상적인 모습을 예상해본다.
  2) Vision 작성: 조별로 Vision을 작성한다.
  3) Vision Rating: Vision의 적절성 검토를 위해 Rating을 수행한다.

주의할 것은 무엇인가

- 지나치게 많은 시간을 할애하여 Workshop 분위기가 느슨해지지 않도록 한다.
- 가급적이면 사전에 리서치를 통해 분류한 것을 조별로 나누어 주는 것이 Workshop의 원활한 진행에 도움이 된다.
- BHAGs를 주지시킨다. 현재 상황에서 벗어난 시각을 유지하게 해야 한다.

작성 예시

유형	예시
1. 양적 또는 질적인 타깃으로서의 BHAGs	• 2000년까지 매출 1,250억 달러의 회사가 된다 (1990년 War-Mart) • 자동차를 대중화한다 (1900년 초 Ford Motor) • 사업용 비행기의 제1위 업체가 되고, 세계에 제트비행기 시대를 가져온다 (1950년대 Boeing)
2. 다윗-골리앗 사고를 포함하는 공동의 적(Common-enemy)으로서의 BHAGs	• Adidas를 눌러 부순다 (1960년대 Nike) • 우리는 Yamaha를 파괴할 것이다 (1970년대 Honda) • Beat the Bank! (2010년 현대카드캐피탈)
3. 활동적인 조직에 적합한 역할 모델(Role Model)로서의 3HAGs	• 사이클링산업의 Nike가 되자 (1986년 Giro Sports Design) • 서부의 Harvard가 되자 (1940년대 Stanford 대학교)
4. 크고 체계화된 조직에 적합한 내부적 변환으로서의 BHAGs	• 우리가 참여하는 모든 시장에서 No.1 또는 No.2가 되고, 이 회사를 소기업의 단순성과 민첩성이 결합된 대기업의 장점을 갖고 있는 회사로 혁명을 일으키자 (1980년대 GE) • 이 회사를 a defense contractor로부터 세계 최고의 하이텍 회사로 변형시키자 (1995년 Rockwell)

현재모습은?
참고사항) 경쟁적 위치 / 주고객은 / 주채널 / 주 사업군 / 포지셔닝 / 정체성 / 위상 고려

• 현재 우리 조직은 서울 시민들에게 많이 알려져 있지 않아 제공하는 문화 프로그램의 효과성을 극대화하지 못하고 있다

10년 후 그림은?
참고사항) 사업방향, 규모, 사업 군 등 고려

• 서울 시민들에게 없어서는 안될, 최고의 경험을 제공하는 소중한 문화기관이 될 것이다

어떻게?
10년 후 목표로 가기 위하여 필요한 변화와 방법은?

• 서울 시민들, 예술가 등 이해관계자 별 최고의 도움을 주기 위한 효과적 프로그램을 운영한다

Vision Statement

[Vision Statement]

"○○시민 모두가 예술에 참여하게 한다"

[Vision Statement 상세내용]

○○시민 모두가
• CO시민 모두를 OO의 고객이자 사업의 대상으로 명확화함
기존의 예술 참여자는 보다 높은 수준으로, 미참여자는 예술에 대한 관심 및 참여 기회를 높여주는 것

예술
• 예술이란 문화라는 토양 위에서 자라난 모방할 수 없는 고도로 추상화된 형태로 표현된 것
- 재단이 지향해야 할 수준을 의미하며 장르와 같은 특정분야를 일컫는 것이 아님
- 이전의 것과는 차별화된 것이나 시대에 대해서는 보편적인 것

참여하게 한다
• 예술활동에 소외됨 없이 모든 시민이 균등한 기회를 갖고 참여하게 하는 것
다양한 예술에 대한 접근방식과 기회를 풍요롭게 만드는 것
- 관찰자가 아니라 주체자(생산자)로서 참여하도록 유도
- 예술독해 능력, 예술적 감수성을 키우는 일을 재단이 담당해야 함
- 시민과 예술가와의 일상적인 접근과 교류를 확대하게 하는 것이 향후의 중요한 과제임
- 예술가들이 생활 속으로, 공동체 속으로 들어가야 함

평가항목	평가					평가점수
	1	2	3	4	5	
산업/ 전략에 대한 방향성 제시			✓			총 31점
최고경영자 의도 반영(CEO Intension)				✓		
미래 지향점			✓			
미래 국가 산업의 Trend 반영		✓				
유사 회사 및 해외 Benchmark대상기업 비전과의 비교		✓				
회사의 대외 To Be 이미지 반영					✓	
회사전체 業의 특색을 아우르는 정도					✓	
기업문화와의 적합성(Cultural fit)				✓		
고객에 가치제공(Value Proposition) 관점				✓		

08 Vision 수립

유형	예시
1. 양적 또는 질적인 타깃으로서의 BHAGs	
2. 다윗-골리앗 사고를 포함하는 공동의 적(Common-enemy)으로서의 BHAGs	
3. 활동적인 조직에 적합한 역할 모델 (Role Model)로서의 BHAGs	
4. 크고 체계화된 조직에 적합한 내부적 변환으로서의 BHAGs	

- Vision의 유형은 매우 다양하나 일반적으로 4가지로 분류할 수 있다.
  1) 양적 또는 질적인 타깃으로서의 Vision
  2) 다윗-골리앗 사고를 포함하는 공동의 적(Common-enemy)으로서의 Vision
  3) 활동적인 조직에 적합한 역할 모델(Role Model)로서의 Vision
  4) 크고 체계화된 조직에 적합한 내부적 변환으로서의 Vision
- 동일산업기업, 동일지역기업, 선진기업 등 다양한 군의 기업 Vision을 검색하여 해당 유형별로 분류해보도록 한다.
- BHAGs: Big, Hairy, Audacious Goals(크고, 담대하며, 도전적인 목표)

Facilitator Tip

- 시간을 단축하기 위해서는 Benchmarking 대상을 지정해주는 것도 좋다. 단, 그 대상 기준을 명확히 해 주어야 한다.

08 Vision 수립: 예시

유형	예시
1. 양적 또는 질적인 타깃으로서의 BHAGs	• 2000년까지 매출 1,250억 달러의 회사가 된다 (1990년 Wal-Mart) • 자동차를 대중화한다 (1900년 초 Ford Motcr) • 사업용 비행기의 제1위 업체가 되고, 세계에 제트비행기 시대를 가져온다 (1950년대 Boeing)
2. 다윗-골리앗 사고를 포함하는 공동의 적(Common-enemy)으로서의 BHAGs	• Adidas를 눌러 부순다 (1960년대 Nike) • 우리는 Yamaha를 파괴할 것이다 (1970년다 Honda) • Beat the Bank! (2010년 현대카드캐피탈)
3. 활동적인 조직에 적합한 역할 모델(Role Model)로서의 BHAGs	• 사이클링산업의 Nike가 되자 (1986년 Giro Sports Design) • 서부의 Harvard가 되자 (1940년대 Stanford 대학교)
4. 크고 체계화된 조직에 적합한 내부적 변환으로서의 BHAGs	• 우리가 참여하는 모든 시장에서 No.1 또는 No.2가 되고, 이 회사를 소기업의 단순성과 민첩성이 결합된 대기업의 장점을 갖고 있는 회사로 혁명을 일으키자 (1980년대 GE) • 이 회사를 a defense contractor로부터 서계 최고의 하이텍 회사로 변형시키자 (1995년 Rockwell)

08 Vision 수립

현재 모습은? 참고사항) 경쟁적 위치 / 주고객군 / 주채널 / 주 사업군 / 포지셔닝 / 정체성 / 위상 고려	• 현재 당사는 이러 이러한 모습(상황)이다.
10년 후 그림은? 참고사항) 사업방향, 규모, 사업 군 등 고려	• 당사는 10년 후 이러한 모습이어야 한다.
어떻게? 10년 후 목표로 가기 위하여 필요한 변화와 방법은?	• 이를 위해서 당사는 이렇게 변해야 하고, 변하기 위해서는 어떤 것이 필요하다

- 앞서 분석한 외부환경, 내부환경을 참고하여 현재 모습을 서술한다.
- 10년 후 당사가 갖춰야 할 이상적인 모습을 서술한다.
- 현재 모습에서 10년 후 당사가 갖춰야 할 이상적인 모습으로 가기 위하여 '어떻게' 할 것인지를 서술한다.

Facilitator Tip

- 본 Template은 Vision을 정의하기 위해 Brainstorming을 지원하는 단계이므로, 최대한 추상적이지 않게 작성할 수 있도록 유도한다. 구체적으로 작성하는 것이 좋다.

08 Vision 수립: 예시

현재 모습은? 참고사항) 경쟁적 위치 / 주고객군 / 주채널 / 주 사업군 / 포지셔닝 / 정체성 / 위상 고려	• 현재 우리 조직은 서울 시민들에게 많이 알려져 있지 않아 제공하는 문화 프로그램의 효과성을 극대화하지 못하고 있다
10년 후 그림은? 참고사항) 사업방향, 규모, 사업 군 등 고려	• 서울 시민들에게 없어서는 안될, 최고의 경험을 제공하는 소중한 문화기관이 될 것이다
어떻게? 10년 후 목표로 가기 위하여 필요한 변화와 방법은?	• 서울 시민들, 예술가 등 이해관계자별 최고의 도움을 주기 위한 효과적 프로그램을 운영한다

08 Vision 수립

Vision Statement

[Vision Statement]

[Vision Statement 상세내용]

[고려사항]

- 미래상이 제시되었는가?
- 구체적이고 방향성이 있으며, 명확한가?
- 모두에게 의미가 있고 설득력이 있는가?
- 공동의 가치관에 호소하였는가?
- 전 직원이 명확하게 이해하고 Share할 수 있는가? (나는 어떻게 변해야 하는가?)

- 앞서 살펴본 유형별 Vision 예시와 Brainstorming을 토대로 Vision을 작성한다.
- Vision은 문구를 구성하고 있는 단어별로 그 의미를 작성할 수 있도록 한다.

Facilitator Tip

- 본 작업은 단어 하나하나에 의미를 부여해야 하므로, 충분한 논의를 통해 도출할 수 있도록 한다.

08 Vision 수립: 예시

Vision Statement

[Vision Statement]

"○○시민 모두가 예술에 참여하게 한다"

[Vision Statement 상세내용]

○○시민 모두가

- ○○시민 모두를 ○○의 고객이자 사업의 대상으로 명확화함
  기존의 예술 참여자는 보다 높은 수준으로, 미참여자는 예술에 대한 관심 및 참여 기회를 높여주는 것

예술

- 예술이란 문화라는 토양 위에서 자라난 모방할 수 없는 고도로 추상화된 형태로 표현된 것
  - 재단이 지향해야 할 수준을 의미하며 장르와 같은 특정분야를 일컫는 것이 아님
  - 이전의 것과는 차별화된 것이나 시대에 대해서는 보편적인 것

참여하게 한다

- 예술활동에 소외됨 없이 모든 시민이 균등한 기회를 갖고 참여하게 하는 것
- 다양한 예술에 대한 접근방식과 기회를 풍요롭게 만드는 것
  - 관찰자가 아니라 주체자(생산자)로서 참여하도록 유도
  - 예술독해 능력, 예술적 감수성을 키우는 일을 재단이 담당해야 함
  - 시민과 예술가와의 일상적인 접근과 교류를 확대하게 하는 것이 향후의 중요한 과제임
  - 예술가들이 생활 속으로, 공동체 속으로 들어가야 함

08 Vision 수립

평가항목	평가					평가점수
	1	2	3	4	5	
산업/ 전략에 대한 방향성 제시						
최고경영자 의도 반영(CEO Intension)						
미래 지향점						
미래 국가 산업의 Trend 반영						
유사 회사 및 해외 Benchmark대상기업 비전과의 비교						
회사의 대외 To Be 이미지 반영						
회사전체 業의 특색을 아우르는 정도						
기업문화와의 적합성(Cultural fit)						
고객에 가치제공(Value Proposition) 관점						

- Workshop을 주관하는 부서에서는 각 조별 작성된 Vision을 취합하여 이에 대한 평가를 진행하도록 한다.
- 평가항목은 각 사별 Mission 혹은 전략에 따라 Customizing할 수 있으며, 1점(매우 아니다)에서 5점(매우 그렇다) 척도를 활용하도록 한다.
- 조별로 평가된 Vision안 중에서 높은 점수를 받은 안이 우선적으로 선택된다. Workshop 사후 별도의 팀(TFT나 기획부서)에서 Vision안들을 중요한 단서로 하여, 최고 경영진의 의사를 반영한 새로운 것을 창출하는 방법도 있다.

Facilitator Tip

- 본 평가표는 Vision 수립안별로 평가가 되어야 하므로, 넉넉히 준비해두어야 한다.

08 Vision 수립: 예시

평가항목	평가					평가점수
	1	2	3	4	5	
산업/전략에 대한 방향성 제시			✓			총 32점
최고경영자 의도 반영(CEO Intension)				✓		
미래 지향점			✓			
미래 국가 산업의 Trend 반영		✓				
유사 회사 및 해외 Benchmark대상기업 비전과의 비교		✓				
회사의 대외 To Be 이미지 반영					✓	
회사전체 業의 특색을 아우르는 정도					✓	
기업문화와의 적합성(Cultural fit)				✓		
고객에 가치제공(Value Proposition) 관점				✓		

Step4. 전략수립: 우선사업평가

09

GE Matrix

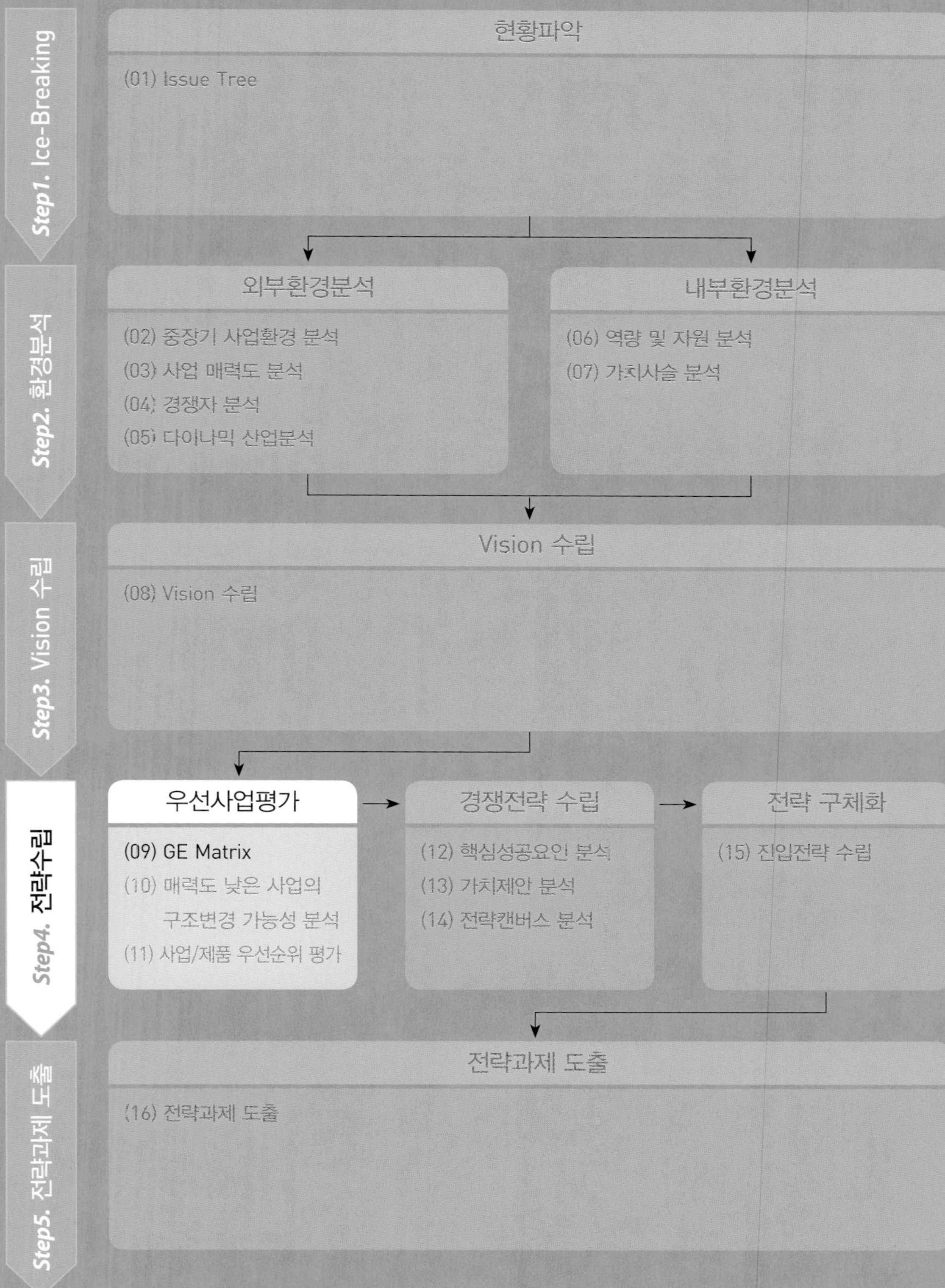
Step1. Ice-Breaking
현황파악
(01) Issue Tree
Step2. 환경분석
외부환경분석
(02) 중장기 사업환경 분석
(03) 사업 매력도 분석
(04) 경쟁자 분석
(05) 다이나믹 산업분석
내부환경분석
(06) 역량 및 자원 분석
(07) 가치사슬 분석
Step3. Vision 수립
Vision 수립
(08) Vision 수립
Step4. 전략수립
우선사업평가
(09) GE Matrix
(10) 매력도 낮은 사업의 구조변경 가능성 분석
(11) 사업/제품 우선순위 평가
경쟁전략 수립
(12) 핵심성공요인 분석
(13) 가치제안 분석
(14) 전략캔버스 분석
전략 구체화
(15) 진입전략 수립
Step5. 전략과제 도출
전략과제 도출
(16) 전략과제 도출

09 GE Matrix

GE Matrix는 Mackinsey Matrix라고도 불리우며 산업의 매력도와 개별산업단위의 강점이라는 두 차원에서 전략사업단위를 평가하는 분석 Tool이다. 이 두 차원은 여러 요인들을 종합적으로 고려하여 결정되기 때문에 BCG 매트릭스(「TOP을 위한 전략경영」 참고)보다 발전된 기법이라 할 수 있다.

왜 써야 하는가

- 사업단위별 현 경쟁력 수준을 가시화할 수 있으며, 매력도와 더불어 향후 취해야 할 전략의 방향을 가늠할 수 있도록 지원한다.
- 현재 보유하고 있는 사업의 현황을 파악하고 향후 어떠한 사업을 추가 혹은 제거해야 할지에 대한 방향성을 알고자 하는 것이 본 분석 Tool을 활용하는 이유이다.

어떻게 써야 하는가

- 앞서 진단한 사업 매력도를 활용한다.
- 또 다른 한 축인 우리 사업의 잠재적인 경쟁력은 기존에 진단하였던 내부환경분석을 토대로 시장점유율을 고려하여 정성적으로 판단하도록 한다.
- 사업 매력도와 잠재적인 경쟁력을 기준으로 3×3 Matrix에 해당 사업을 위치시킨다.

주의할 것은 무엇인가

- 중심화 경향이 많이 일어나므로 각 사업별 매력도 및 잠재적 경쟁력 수준을 판단한 근거를 명확히 제시하도록 요구해야 한다.

작성 예시

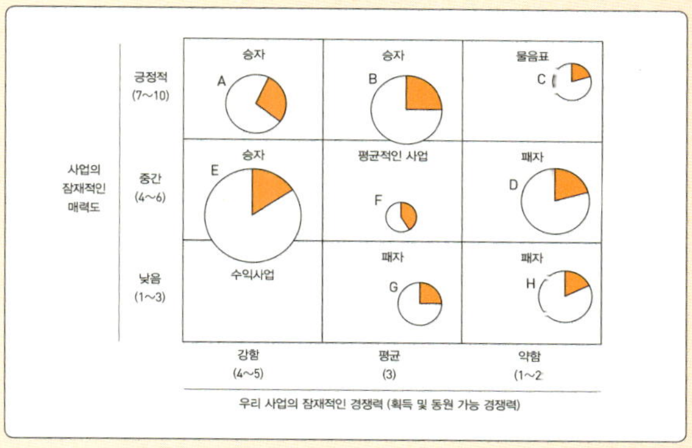
사업의
잠재적인
매력도
긍정적
(7~10)
중간
(4~6)
낮음
(1~3)
승자
A
승자
B
물음표
C
승자
E
평균적인 사업
F
패자
D
수익사업
패자
G
패자
H
강함
(4~5)
평균
(3)
약함
(1~2
우리 사업의 잠재적인 경쟁력 (획득 및 동원 가능 경쟁력)

09 GE Matrix

사업의 잠재적인 매력도		강함 (4~5)	평균 (3)	약함 (1~2)
	긍정적 (7~10)	승자	승자	물음표
	중간 (4~6)	승자	평균적인 사업	패자
	낮음 (1~3)	수익사업	패자	패자

우리 사업의 잠재적인 경쟁력 (획득 및 동원 가능 경쟁력)

- 사업 매력도의 경우 앞서 활용하였던 [(03)사업 매력도 분석] 결과를 준용하도록 한다.
- 잠재적 경쟁력의 경우 앞서 활용하였던 [(06) 역량 및 자원 분석]과 [(07) 가치사슬 분석] 결과와 더불어 시장점유율을 고려하여 약함/평균/강함 수준으로 평가하도록 한다.
- 사업 매력도 점수와 잠재적 경쟁력의 평가결과를 종합하여 3×3 Matrix 상에 사업을 매치한다. 이때 매치 형태는 시장점유율을 확인할 수 있는 파이차트로 표현하도록 한다. 즉, 동그라미의 크기는 사업 내지 시장 전체의 크기(매출)이고, 파이는 자사의 점유율 크기로 표시한다.

Facilitator Tip

- 사업 및 시장 크기를 나타내는 동그라미의 경우, 수준에 따라 동그라미 종이 모형을 미리 만들어두는 것도 좋다. 예를 들어 1,000억~1,500억 수준의 시장일 경우 1.5cm 지름의 동그라미를 만들어두는 것이다.

09 GE Matrix: 예시

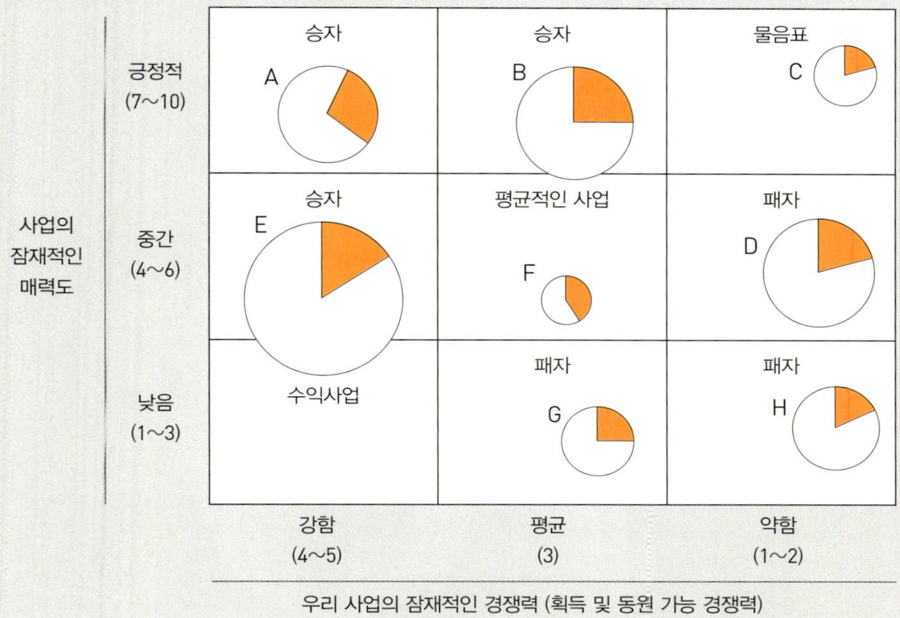

10

매력도 낮은 사업의 구조변경 가능성 분석

Step1. Ice-Breaking

현황파악

(01) Issue Tree

Step2. 환경분석

외부환경분석

(02) 중장기 사업환경 분석
(03) 사업 매력도 분석
(04) 경쟁자 분석
(05) 다이나믹 산업분석

내부환경분석

(06) 역량 및 자원 분석
(07) 가치사슬 분석

Step3. Vision 수립

Vision 수립

(08) Vision 수립

Step4. 전략수립

우선사업평가

(09) GE Matrix
(10) 매력도 낮은 사업의 구조변경 가능성 분석
(11) 사업/제품 우선순위 평가

→ 경쟁전략 수립

(12) 핵심성공요인 분석
(13) 가치제안 분석
(14) 전략캔버스 분석

→ 전략 구체화

(15) 진입전략 수립

Step5. 전략과제 도출

전략과제 도출

(16) 전략과제 도출

10 매력도 낮은 사업의 구조변경 가능성 분석

환경분석([(02) 중장기 사업환경분석], [(03) 사업 매력도 분석]) 결과는 사업의 In & Out을 결정하는 데에 도움이 된다. 그러나 기존 사업의 지속적인 성공을 위해 주어진 환경하에서 '어떻게' 할 것인가에 대해서는 더 도움이 필요하다. 따라서 본 분석 Tool을 통해 현 환경하에서 기존 사업을 성공하기 위해 '어떻게' 해야 하는가에 대한 방안을 찾아본다.

왜 써야 하는가

- 5-Forces Model과 연결하였을 때, 사업이 비매력적으로 보인다고 하더라도 그 사업에서 발을 빼는 것이 능사는 아니다. 본 Tool은 매력도의 상승 혹은 하락을 파악해 내는 데서 끝이 아니라 Force가 낮은 쪽으로 Positioning 혹은 산업 내의 구조를 변화시킬 수 있는 방안을 모색하려고 할 때 사용한다.

어떻게 써야 하는가

- 현 외부환경하에서 Controllable한 사건과 Uncontrollable한 사건을 검토하고, 해당 사건의 발생가능성을 진단한다.
- 본 분석 Tool은 2가지 과제로 구성된다.
  1) Controllable & Uncontrollable 요인 검토
  2) Matrix 작성

작성 예시

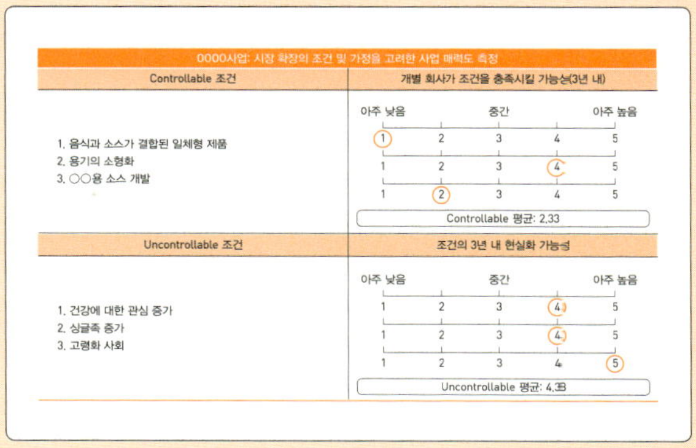
OOOO사업: 시장 확장의 조건 및 가정을 고려한 사업 매력도 측정
Controllable 조건
개별 회사가 조건을 충족시킬 가능성(3년 내)
1. 음식과 소스가 결합된 일체형 제품
2. 용기의 소형화
3. ○○용 소스 개발
아주 낮음
중간
아주 높음
1 2 3 4 5
Controllable 평균: 2.33
Uncontrollable 조건
조건의 3년 내 현실화 가능성
1. 건강에 대한 관심 증가
2. 싱글족 증가
3. 고령화 사회
Uncontrollable 평균: 4.33

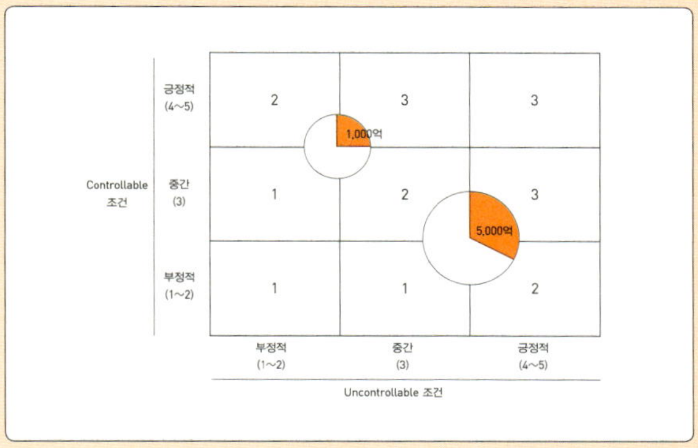
Controllable 조건
긍정적 (4~5)
중간 (3)
부정적 (1~2)
2 3 3
1 2 3
1 1 2
1,000억
5,000억
부정적 (1~2)
중간 (3)
긍정적 (4~5)
Uncontrollable 조건

10 매력도 낮은 사업의 구조변경 가능성 분석

OOOO사업: 시장 확장의 조건 및 가정을 고려한 사업 매력도 측정	
Controllable 조건	개별 회사가 조건을 충족시킬 가능성(3년 내)
	아주 낮음 / 중간 / 아주 높음 1 2 3 4 5 1 2 3 4 5 1 2 3 4 5 Controllable 평균:
Uncontrollable 조건	조건의 3년 내 현실화 가능성
	아주 낮음 / 중간 / 아주 높음 1 2 3 4 5 1 2 3 4 5 1 2 3 4 5 Uncontrollable 평균:

- 이 분석은 기존 시장의 구조와 룰을 바꿈으로써 성숙시장에 새로운 성장을 가져오는 경우를 뜻한다. 예를 들어 모 제과는 자일리톨이라는 상품을 통해 축소일로에 있던 기존 껌 시장을 약 두 배 정도 확장시켰다. 회사 차원에서 새로운 네모 디자인과 자일리톨이라는 물질의 첨가, 패키지의 변화 등을 도입했고(Controllable) 마침 건강에 대한 관심이 증가되는 가운데 모 방송사에서 자일리톨의 효과성을 소개하는 프로그램을 내보내면서(Uncontrollable) 새로운 시장 구조의 형성조건이 조성되었다. 또한 카카오톡 플랫폼을 통한 게임도 기존의 폰게임 시장을 확장한 예이다. 즉, 기존 경쟁구도를 유지하되 새로운 고객을 유입시킴으로써 시장 점유를 확장하는 것이다.
- 이러한 시장 확장을 염두하여 Controllable 요인과 Uncontrollable 요인을 고려해야 한다.
- Controllable 요인은 앞서 수행한 [(05) 다이나믹 산업분석] 결과를 준용하여 고객 / 제품서비스 / 기술 측면에서 도입 가능한 사건을 기재하며, 해당 사건이 발생 가능한 수준을 진단한다.
- Uncontrollable 요인은 [(02) 중장기 사업환경 분석]에서 검토하였던 다양한 외부환경 중 당사에 긍정적인 요인들을 작성한 후 Controllable 요인과 마찬가지로 발생 가능한 수준을 진단한다.

10 매력도 낮은 사업의 구조변경 가능성 분석: 예시

0000사업: 시장 확장의 조건 및 가정을 고려한 사업 매력도 측정

Controllable 조건	개별 회사가 조건을 충족시킬 가능성(3년 내)				
	아주 낮음		중간		아주 높음
1. 음식과 소스가 결합된 일체형 제품	(1)	2	3	4	5
2. 용기의 소형화	1	2	3	(4)	5
3. ○○용 소스 개발	1	(2)	3	4	5
	Controllable 평균: 2.33				

Uncontrollable 조건	조건의 3년 내 현실화 가능성				
	아주 낮음		중간		아주 높음
1. 건강에 대한 관심 증가	1	2	3	(4)	5
2. 싱글족 증가	1	2	3	(4)	5
3. 고령화 사회	1	2	3	4	(5)
	Uncontrollable 평균: 4.33				

10 매력도 낮은 사업의 구조변경 가능성 분석

Controllable 조건		부정적 (1~2)	중간 (3)	긍정적 (4~5)
	긍정적 (4~5)	2	3	3
	중간 (3)	1	2	3
	부정적 (1~2)	1	1	2

Uncontrollable 조건

- 진단결과를 바탕으로 3×3 Matrix에 해당 사업을 매칭한다. 해당 사업은 원으로 표현하며, 원 크기는 사업의 시장 크기로 나타낸다.
- 우상향으로 갈수록 향후 매력도가 높은 사업이며, 좌하향으로 위치할수록 매력도가 낮은 사업으로 해석한다.

Facilitator Tip

- 이 경우 [(09) GE Matrix]를 응용하여 예상되는 시장의 크기와 자사가 점유할 수 있을 것으로 예상되는 시장의 크기를 원과 파이로 표현해 볼 수 있다.

10 매력도 낮은 사업의 구조변경 가능성 분석: 예시

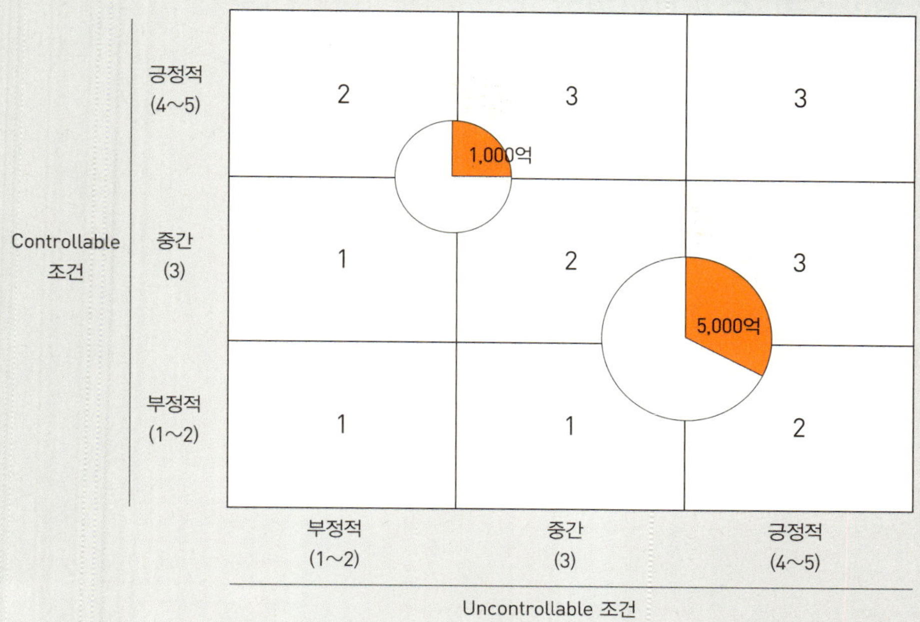

11

사업/제품 우선순위 평가

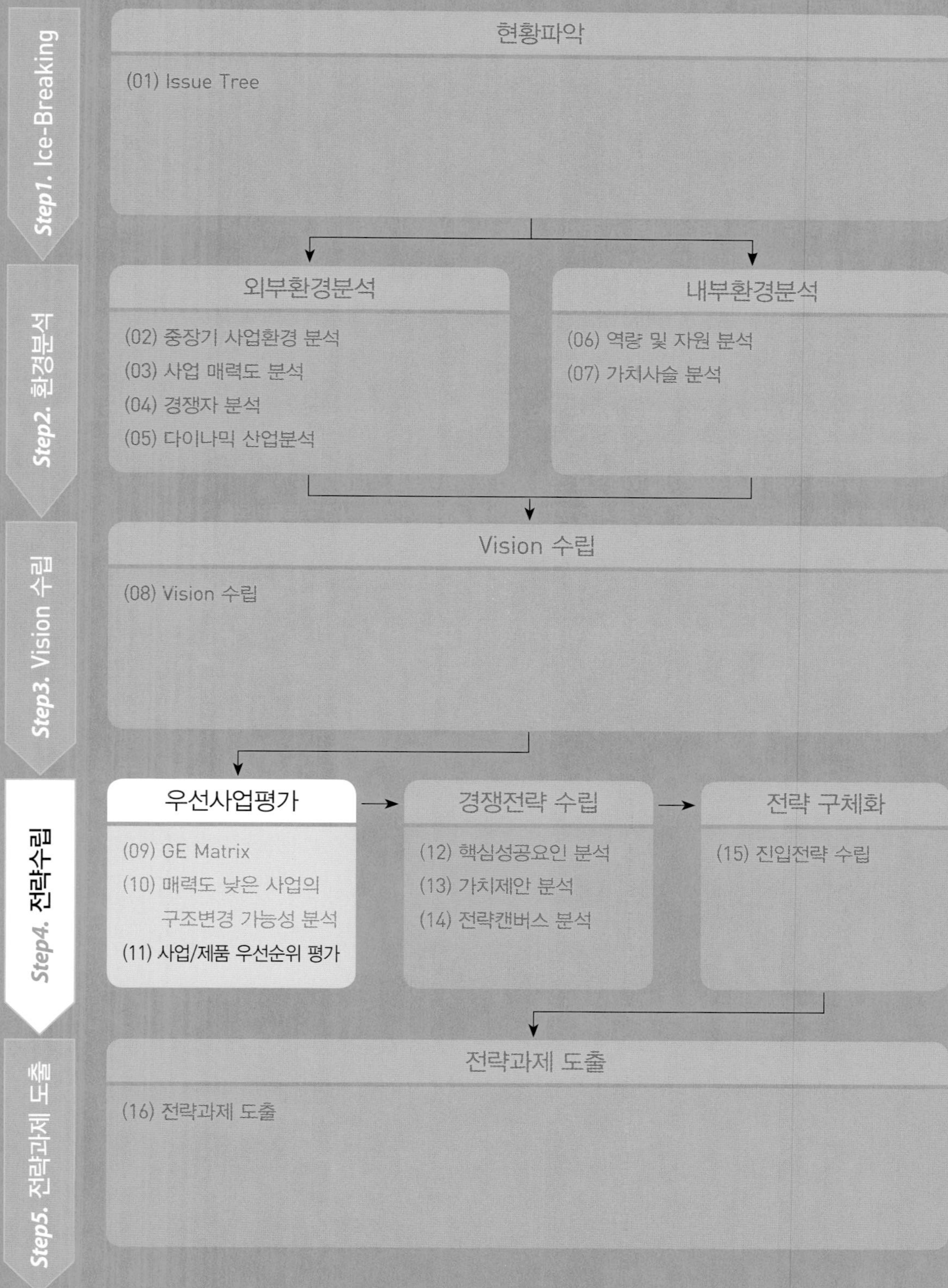
Step1. Ice-Breaking
현황파악
(01) Issue Tree
Step2. 환경분석
외부환경분석
(02) 중장기 사업환경 분석
(03) 사업 매력도 분석
(04) 경쟁자 분석
(05) 다이나믹 산업분석
내부환경분석
(06) 역량 및 자원 분석
(07) 가치사슬 분석
Step3. Vision 수립
Vision 수립
(08) Vision 수립
Step4. 전략수립
우선사업평가
(09) GE Matrix
(10) 매력도 낮은 사업의 구조변경 가능성 분석
(11) 사업/제품 우선순위 평가
경쟁전략 수립
(12) 핵심성공요인 분석
(13) 가치제안 분석
(14) 전략캔버스 분석
전략 구체화
(15) 진입전략 수립
Step5. 전략과제 도출
전략과제 도출
(16) 전략과제 도출

11 사업/제품 우선순위 평가

외부환경 및 내부환경 분석을 통해 기존 혹은 신규 사업 및 제품의 우선순위를 정량적으로 평가하는 분석 Tool 이다.

왜 써야 하는가

- 사업 매력도, 매력도 낮은 사업에서의 구조변경 가능성 여부, 시장 점유율 등을 고려하여 전략적으로 취해야 하는 사업 및 제품의 우선순위가 도출된다.

어떻게 써야 하는가

- 본 분석 Tool은 3가지 과제로 구성된다.
  1) 우선순위 평가: 시장 점유율, 사업 매력도, 매력도 낮은 사업의 구조변경 가능성 분석 결과를 바탕으로 전략적으로 취해야 할 사업 혹은 제품의 우선순위를 평가한다.
  2) 사업 포트폴리오 작성: 우선순위평가를 기준으로 조별 사업 포트폴리오를 작성한다
  3) 사업 포트폴리오 최종안 작성: 조별 작성된 사업 포트폴리오를 조정하여 최종 사업 포트폴리오를 작성한다.

주의할 것은 무엇인가

- 사업 포트폴리오 작성 시 구체적인 근거를 반드시 명시하도록 한다.

작성 예시

사업/제품	전년도 시장규모	전년도 당사 매출	사업 매력도 분석	매력도 낮은 사업의 구조변경 가능성 분석			종합평가1 (A+B)	종합평가2 (A×B)	Controllable 당사 달성 가능수준 (상/중/하)
			매력도 (A)	Controllable	Uncontrollable	최종평가(B)			
제품A	5,422	-	5.5	3.3	3.0	3	8.5	16.5	중
제품B	3,000	153	5.4	4.0	3.0	3	8.4	16.2	상
제품C	61,730	123	5.3	4.3	3.0	3	8.3	15.9	상
제품D	4,400	87	5.0	4.0	3.0	3	8.0	15.0	상
제품E	600	8	5.6	4.0	3.5	3	8.6	16.8	중
제품F	436	22	5.4	4.0	3.7	3	8.4	16.2	상
제품G	2,473	77	5.2	2.5	2.0	2	7.2	10.4	상
제품H	3,250	51	5.1	3.5	2.0	2	7.1	10.2	상
제품I	395	9	4.9	3.7	2.0	2	6.9	9.8	중

구분		1팀	2팀	3팀	4팀	공통
우선공략 사업		A사업	B사업 F사업 A사업 D사업	F사업 A사업 B사업	B사업 D사업 F사업	B사업 D사업 F사업
차순위공략사업		B사업 C사업 D사업	G사업	G사업 D사업	G사업 C사업	G사업 A사업
중장기공략사업		E사업 F사업 G사업	I사업	E사업 C사업	J사업 K사업 I사업	I사업
시장유지및 M/S확장 사업		H사업	E사업	H사업	A사업 E사업	E사업 H사업
저매력사업	유지	I사업		I사업	H사업	
	포기	J사업 K사업 L사업	J사업 K사업 L사업	J사업 K사업 L사업	L사업	L사업 K사업 J사업

사업 포트폴리오 전략

우선공략사업

- A사업
- F사업
- D사업

차순위공략사업

- C사업
- G사업
- B사업

중장기공략사업

- E사업
- I사업

시장 유지 및 M/S확장 사업

- H사업

저매력 사업

- J사업
- K사업
- L사업

11 사업/제품 우선순위 평가

사업/제품	전년도 시장규모	전년도 당사 매출	사업 매력도 분석	매력도 낮은 사업의 구조변경 가능성 분석			종합평가1 (A+B)	종합평가2 (A×B)	Controllable 당사 달성 가능수준 (상/중/하)
			매력도 (A)	Control-lable	Uncontrol-lable	최종평가(B)			
제품A									
제품B									
제품C									
제품D									
제품E									
제품F									
제품G									
제품H									
제품I									

- [(03) 사업 매력도 분석] 결과와 [(10)매력도 낮은 사업의 구조변경 가능성 분석] 결과를 준용하여 최종 평가점수를 도출한다.

Facilitator Tip

- [매력도 낮은 사업의 구조변경 가능성 분석의 최종평가(B)]는 3×3 Matrix에 위치시켰을 때 해당되는 점수를 뜻한다.

11 사업/제품 우선순위 평가: 예시

사업/제품	전년도 시장규모	전년도 당사 매출	사업 매력도 분석	매력도 낮은 사업의 구조변경 가능성 분석			종합평가1 (A+B)	종합평가2 (A×B)	Controllable 당사 달성 가능수준 (상/중/하)
			매력도 (A)	Control-lable	Uncontrol-lable	최종평가(B)			
제품A	5,422	-	5.5	3.3	3.0	3	8.5	16.5	중
제품B	3,000	153	5.4	4.0	3.0	3	8.4	16.2	상
제품C	61,730	123	5.3	4.3	3.0	3	8.3	15.9	상
제품D	4,400	87	5.0	4.0	3.0	3	8.0	15.0	상
제품E	600	8	5.6	4.0	3.5	3	8.6	16.8	중
제품F	436	22	5.4	4.0	3.7	3	8.4	16.2	상
제품G	2,473	77	5.2	2.5	2.0	2	7.2	10.4	상
제품H	3,250	51	5.1	3.5	2.0	2	7.1	10.2	상
제품I	395	9	4.9	3.7	2.0	2	6.9	9.8	중

11 사업/제품 우선순위 평가

구분		1팀	2팀	3팀	4팀	공통
우선공략사업						
차순위공략사업						
중장기공략사업						
시장유지 및 M/S 확장 사업						
저매력사업	유지					
	포기					

- 각 조별 사업 포트폴리오를 작성한다. 우선순위 평가결과를 기준으로 하되 앞서 수행하였던 다양한 분석들의 결과를 그 근거로 활용할 수 있도록 한다.

Facilitator Tip

- 본 Template에는 사업이라고 명명되어 있으나, 제품으로 본 포트폴리오를 구성할 필요도 있다. 사업을 우선 작성하되, 각 사업별 제품 포트폴리오도 작성해 보는 것이 좋다.

11 사업/제품 우선순위 평가: 예시

구분		1팀	2팀	3팀	4팀	공통
우선공략사업		A사업	B사업 F사업 A사업 D사업	F사업 A사업 B사업	B사업 D사업 F사업	B사업 D사업 F사업
차순위공략사업		B사업 C사업 D사업	G사업	G사업 D사업	G사업 C사업	G사업 A사업
중장기공략사업		E사업 F사업 G사업	I사업	E사업 C사업	J사업 K사업 I사업	I사업
시장유지 및 M/S 확장 사업		H사업	E사업	H사업	A사업 E사업	E사업 H사업
저매력사업	유지	I사업		I사업	H사업	
	포기	J사업 K사업 L사업	J사업 K사업 L사업	J사업 K사업 L사업	L사업	L사업 K사업 J사업

11 사업/제품 우선순위 평가

사업 포트폴리오 전략

우선공략사업	차순위공략사업	중장기공략사업

시장유지 및 M/S 확장 사업

저매력사업

- 조별 사업 포트폴리오를 공유하고 논의를 통해 최종 사업 포트폴리오를 작성한다.

Facilitator Tip

- 본 Template은 각 조별 결과를 취합하여 논의한 후 최종 도출되는 결론 장표이며, Workshop 주관 팀에서 작성하도록 한다.

11 사업/제품 우선순위 평가: 예시

사업 포트폴리오 전략

우선공략사업
- A사업
- F사업
- D사업

차순위공략사업
- C사업
- G사업
- B사업

중장기공략사업
- E사업
- I사업

시장유지 및 M/S 확장 사업
- H사업

저매력사업
- J사업
- K사업
- L사업

Step4. 전략수립: 경쟁전략 수립

12

핵심성공요인 분석

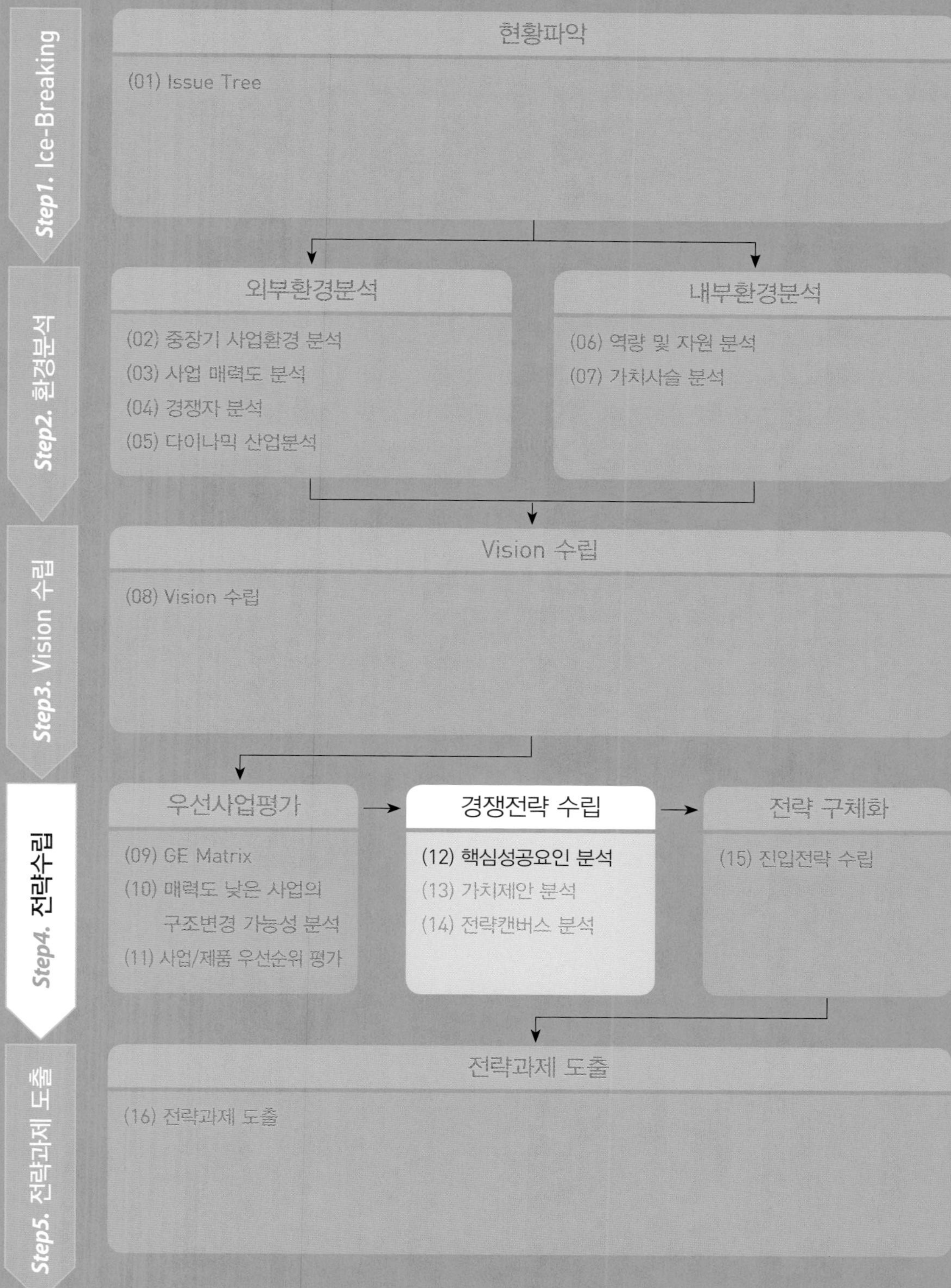
Step1. Ice-Breaking
현황파악
(01) Issue Tree
Step2. 환경분석
외부환경분석
(02) 중장기 사업환경 분석
(03) 사업 매력도 분석
(04) 경쟁자 분석
(05) 다이나믹 산업분석
내부환경분석
(06) 역량 및 자원 분석
(07) 가치사슬 분석
Step3. Vision 수립
Vision 수립
(08) Vision 수립
Step4. 전략수립
우선사업평가
(09) GE Matrix
(10) 매력도 낮은 사업의 구조변경 가능성 분석
(11) 사업/제품 우선순위 평가
경쟁전략 수립
(12) 핵심성공요인 분석
(13) 가치제안 분석
(14) 전략캔버스 분석
전략 구체화
(15) 진입전략 수립
Step5. 전략과제 도출
전략과제 도출
(16) 전략과제 도출

12 핵심성공요인 분석

본 핵심성공요인 분석 Tool은 도입하고자 혹은 강화하고자 하는 사업이 선정된 후 해당 사업에 대한 전략을 수립하는 단계에서 다양한 이해관계자의 Needs를 살펴보는 분석 Tool이다.

왜 써야 하는가

- 고객의 Needs와 경쟁상황에 대해 분석적으로 짚어보고 그에 대한 핵심성공요인을 도출하기 위함이다.

어떻게 써야 하는가

- 선정된 사업 혹은 제품에 대해 고객들의 Needs를 예상해본다.
- 선정된 사업 혹은 제품으로 타사와 경쟁 시 자사가 강점으로 두어야 할 포인트를 예상해본다.
- 고객들의 Needs와 경쟁 포인트를 염두하여 핵심성공요인을 도출한다.

주의할 것은 무엇인가

- 본 분석 Tool은 앞서 기 수행한 분석내용을 염두하지 않고 새로이 고민을 시작하는 것이 바람직하다.
- 다만, 다른 분석 Tool과 다르게 자유롭게 Brainstorming하는 단계이므로 자칫 Workshop 분위기가 느슨해질 수 있으므로 시간관리를 철저히 하는 것이 필요하다.

작성 예시

고객이 원하는 것은?	경쟁은 어떻게 하나?	핵심성공요인
• 낮은 가격 • 편리한 로케이션 • 지역별 선호도에 맞춘 다양한 상품 • 신선하고 고품질의 농산품 • 쾌적한 쇼핑환경	• 지역 시장 • 가격경쟁의 정도는 경쟁자의 숫자와 근접성에 따라 결정 • 구매상품의 비용을 결정하는 구매 협상력이 중요한 요인	• 저비용의 운영 효율화 • 경제적인 규모의 구매력 극대화 • 인건비 효율화 • 대규모 매장 필요 • 편리한 위치 • 주차 편의성

12 핵심성공요인 분석

고객이 원하는 것은?	경쟁은 어떻게 하나?	핵심성공요인

- 기존 환경분석 결과를 고려하고 선정된 사업 혹은 제품에 대한 고객의 Needs와 경쟁 포인트를 예상한다.
- 세분화된 내용보다는 '원가절감', '연구중심', '고객지향'과 같이 포괄적 방향성 수준의 내용도 괜찮다.

Facilitator Tip

- 본 분석은 기 선정된 사업 혹은 제품에 대한 핵심성공요인을 고민해보는 단계이다. 자칫 당사 기업 차원에서의 핵심성공요인을 작성할 수 있으므로, 이 점 주의해야 할 필요가 있다.

12 핵심성공요인 분석: 예시

고객이 원하는 것은?	경쟁은 어떻게 하나?	핵심성공요인
• 낮은 가격 • 편리한 로케이션 • 지역별 선호도에 맞춘 다양한 상품 • 신선하고 고품질의 농산품 • 쾌적한 쇼핑환경	• 지역 시장 • 가격경쟁의 정도는 경쟁자의 숫자와 근접성에 따라 결정 • 구매상품의 비용을 결정하는 구매 협상력이 중요한 요인	• 저비용의 운영 효율화 • 경제적인 규모의 구매력 극대화 • 인건비 효율화 • 대규모 매장 필요 • 편리한 위치 • 주차 편의성

13

가치제안 분석

Step1. Ice-Breaking

현황파악

(01) Issue Tree

Step2. 환경분석

외부환경분석

(02) 중장기 사업환경 분석
(03) 사업 매력도 분석
(04) 경쟁자 분석
(05) 다이나믹 산업분석

내부환경분석

(06) 역량 및 자원 분석
(07) 가치사슬 분석

Step3. Vision 수립

Vision 수립

(08) Vision 수립

Step4. 전략수립

우선사업평가

(09) GE Matrix
(10) 매력도 낮은 사업의 구조변경 가능성 분석
(11) 사업/제품 우선순위 평가

→

경쟁전략 수립

(12) 핵심성공요인 분석
(13) 가치제안 분석
(14) 전략캔버스 분석

→

전략 구체화

(15) 진입전략 수립

Step5. 전략과제 도출

전략과제 도출

(16) 전략과제 도출

13 가치제안 분석

가치는 다양한 형태를 취할 뿐만 아니라 다양한 소스로부터 올 수 있다. 제품의 유용성, 제품의 품질, 광고나 홍보를 통한한 제품이 연상시키는 어떤 이미지, 혹은 얼마나 사기 쉬운지, 어디를 통해서 팔리는지, 제품과 동반되는 서비스 등 다양한 경로를 통해 가치를 만들어 낼 수 있다.

본 가치제안 분석 Tool은 Elton B. Sherwin, Jr.의 '*THE SILICON VALLEY WAY*'를 참고하였다.

왜 써야 하는가

- 가치제안은 회사가 타깃 고객그룹에게 주기로 약속하는, 제품이나 서비스의 혜택과 가격을 명확하게 표현한 것이라고 할 수 있다. 본 분석 Tool을 통해 선정된 사업의 제품 이미지를 더욱 명확히 할 수 있다.
- 이 분석의 결과는 신사업 계획에도 적용할 수 있다.

어떻게 써야 하는가

- 해당 제품의 고객, 혜택과 가격, 경쟁자 대비 우월성, 예상 매출액 등 가치제안의 구성요소를 정의한다.
- 총 16개의 Question으로 구성되어 있으며, 논리적으로 작성하기보다는 직관에 의해 창의적인 결과를 도출하도록 한다.

주의할 것은 무엇인가

- 16개의 Question에 대해 작성 시작 시기와 종료 시기를 관리할 Facilitator가 반드시 필요하며, 시간 내 모두 작성할 수 있도록 유도해야 한다.

Sherwin, Jr., Elton B. 1998, *The Silicon Valley Way*. Crown Publishers에서 인용하고 Workshop용으로 활용하였다

작성 예시

Question 1

어떤 제품인가?

달지 않은 영양젤리
피스타치오, 아몬드, 호두 등 견과류와 블루베리, 크랜베리 등 과일이 포함된 달지 않은 영양젤리

Question 2

어떻게 생긴 제품인가?

- 전분과 설탕 겔이 주 원료
- 가루설탕, 코프라, 타르타르의 분말크림을 덧입힘
- Soapwort는 emulsifying 첨가제로 사용할 수 있음
- 박스에 넣어 포장하여 선물용으로도 제작

Question 3

고객은 누구인가?

우리 제품의 고객은 간식을 좋아하는 자 중에서도 달지 않은 간식을 좋아하는 사람들이다

기타 예)
우리 제품의 고객은 PC를 소유한 자 중에서도 Windows Vista 사용자이다.
우리 제품의 고객은 TV 시청자 중 홈쇼핑 채널 시청을 자주하는 사람들이다.
우리 제품의 고객은 주택 소유지 중 집을 새로 칠하려고 하는 소유자이다.
우리 제품의 고객은 틴에이저 중 16세 이상 18세 이하의 남자아이이다.

Question 4

얼마나 팔릴 것인가? 초기년도 예상 매출액은?

시장 규모: 250억 원 (국내)

초기년도 예상 매출액: 50억 (국내 M/S 20% 수준)

근거: 현재 ○○사의 ☆ ☆ ☆ 제품이 전체 시장의 60%를 차지하고 있는 상황임. 경쟁제품이 다양하지 않으므로, 집중적으로 마케팅할 경우 M/S 20% 수준은 달성가능하리라 판단함

Question 5

고객은 제품을 구입하기 위해 얼마를 지불할 것인가? (완전히 새로운 제품일 경우)

고객		동료	
구분	가격	구분	가격
고객 1	12,000원	생산직원	8,000원
고객 2	15,000원	영업직원	9,000원
고객 3	10,000원	상사	10,000원
고객 4	10,000원	부하	9,000원
고객 5	11,000원	나의 직관	10,000원

Question 6

가격 책정 수준은? (이미 유사한 제품이 있는 경우)

가격 구분	설명	가격 수준
Premium Pricing	• Today's Price	10,000원
Normal Pricing	• 70% of Today's Price	7,000원
Breakthrough Pricing	• 50% of Today's Price	5,000원

Question 7

당신에게는 경쟁자와 차별화되는 전략이 있는가?

체크	경쟁사			당사
	A	B	C	
특허 기술(Patented Technology)	☑	☐	☐	☐
디자인(Unpatented Designs)	☐	☐	☐	☑
사이클 타임(Cycle Time)	☐	☑	☐	☐
마케팅 및 홍보(Marketing & Advertising)	☐	☐	☐	☐
영업력(Salesforce)	☐	☐	☑	☐
생산원가(Low-cost Manufacturing)	☐	☑	☐	☐
기타(Other)	☐	☐	☐	☐

Question 8

1

경쟁자

목표	제품	목표달성시기	타깃
Put our collision avoidance system in every car by 2010	Collision Avoidance system	By 2010	100% market share
Fastest Web server within two years	Internet Web server	Next two years	Faster than competitors

당사

목표	제품	목표달성시기	타깃
Grow revenue 15% a year	All products	Open-ended, forever	15% revenue growth

제품	타깃 고객	제안가치	가격
맥도날드	• 편리함을 찾는 대중 고객 (mass customers)	• 서비스 스피드 • 일관성 있는 품질 • 청결하고 친근한 환경	• 정식 레스토랑의 25%
볼보 스테이션 웨곤	• 안전을 중시하는 부유층 가족	• 탁월한 안전성과 견고성	• 다른 미국 웨건보다 20% 프리미엄 가격
○○대학교 경영대학 E-MBA	• 임원 혹은 임원을 준비하는 Mid-career 간부급 관리자	• 최상의 교육 • 기회비용 없음 • 한국상황에 맞는 경영지식 • ○○대학 경영대 교수자원과의 접속 • ○○대학 교우회 네트워크과의 접속	• 국내 최고가, 미국, 유럽 유사 프로그램보다는 ½ 가격
파텍 필립	• 외모나 패션에 관심이 많은, 부유층 남자	• 지위(Status) • 위신(Prestige)	• 1,000만원 이상

13 가치제안 분석

Question 1

어떤 제품인가?

이 제품은…

- 제품을 정의하도록 하며, 이때 작성원칙은 아래와 같다.
  1) 간단하며, 이해하기 쉽도록 하나의 문장으로 정의한다.
  2) 제품의 핵심을 포함해야 한다.
  3) 측정 가능한 목표가 포함되어 있어야 한다.
  4) 본 문장이 사업계획의 핵심이 될 수 있도록 해야 한다.
  5) 제품의 고객층을 명확히 타기팅해야 한다.

Facilitator Tip

- 본 가치제안 분석 역시 기 선정된 사업의 특정 제품에 대하여 구체적인 전략을 수립하는 단계다. 해당 제품의 경쟁력을 갖추기 위해 어떠한 측면을 향후 강조해야 하는지를 염두하고 작성하여야 한다.

13 가치제안 분석: 예시

Question 1

어떤 제품인가?

달지 않은 영양젤리
피스타치오, 아몬드, 호두 등 견과류와 블루베리, 크랜베리 등 과일이 포함된 달지 않은 영양젤리

13 가치제안 분석

Question 2

어떻게 생긴 제품인가?

스케치를 하거나, 유사한 그림 또는 사진을 붙일 것. 아니면 특징을 자세히 설명할 것.

- 구두로 제품을 설명하는 것도 가능하다. 그러나 많은 디테일을 놓치기 십상이다. 그러므로 단순 스케치여도 괜찮으니 실제로 제품의 이미지를 그려보도록 한다.

Facilitator Tip

- 특히 강조해야 하는 Point를 명시하도록 한다.

13 가치제안 분석: 예시

Question 2

어떻게 생긴 제품인가?

- 전분과 설탕 겔이 주 원료
- 가루설탕, 코프라, 타르타르의 분말크림을 덧입힘
- Soapwort는 Emulsifying 첨가제로 사용할 수 있음
- 박스에 넣어 포장하여 선물용으로도 제작

13 가치제안 분석

Question 3

고객은 누구인가?

우리 제품의 고객은 ....

- 일반적으로 제품이나 사업을 구상할 때 잠재고객층을 지나치게 포괄적으로 설정하는 경우가 있다. 그러나 모두를 만족시킬 수 있는 제품을 디자인하기에는 너무나 많은 기능들을 고려하게 되고 높은 비용이 들어간다.
- 모든 이들을 타깃으로 할 경우 누구도 만족시킬 수 없다. 오히려 좁은 타깃층을 설정할 경우 빠른 시간 내 제품을 디자인할 수 있다.
- 즉, 작은 시장일수록 더 많이 팔 수 있는 것이다.
- 타깃 고객을 정의할 때에는 지나치게 포괄적이거나 일반적으로 잡지 않고 구체적으로 고객층을 정의하는 것이 바람직하다.
- 예를 들어 어떤 소프트웨어 업체가 신규제품을 런칭한다고 했을 때, 'Window PC 소유자'라고 고객을 정의할 것이 아니라 'Window PC를 소유하였으며 조이스틱을 가진 자'라고 정의하는 것이다.

Facilitator Tip

- 최대한 구체적으로 정의할 수 있도록 유도한다. 포괄적일 경우 세분화할 수 있는 기준을 제시해주는 것이 필요하다.

13 가치제안 분석: 예시

Question 3

고객은 누구인가?

우리 제품의 고객은 간식을 좋아하는 자 중에서도 달지 않은 간식을 좋아하는 사람들이다

기타 예)

우리 제품의 고객은 PC를 소유한 자 중에서도 Windows Vista 사용자이다.

우리 제품의 고객은 TV 시청자 중 홈쇼핑 채널 시청을 자주하는 사람들이다.

우리 제품의 고객은 주택 소유자 중 집을 새로 칠하려고 하는 소유자이다.

우리 제품의 고객은 틴에이저 중 16세 이상 18세 이하의 남자아이이다.

13 가치제안 분석

Question 4

얼마나 팔릴 것인가? 초기년도 예상 매출액은?

시장 규모:

초기년도 예상 매출액:

근거:

- 시장 규모를 감안하여 초기년도 예상 매출액을 예상해본다.
- 해당 분야에서 경험이 매우 많거나 아주 특이한 상황이 아닌 경우에는 초기년도 예상 매출액을 시장규모의 30% 수준과 같이 지나치게 낙관적으로 잡지 않도록 한다.

Facilitator Tip

- 실리콘 밸리 벤처 캐피털의 일반적인 가이드라인에 의하면 첫해 매출액은 전체 예상 가능 시장 크기의 1% 이하로 보수적으로 잡는다.

13 가치제안 분석: 예시

Question 4

얼마나 팔릴 것인가? 초기년도 예상 매출액은?

시장 규모: 250억 원 (국내)

초기년도 예상 매출액: 25억 (국내 M/S 10% 수준)

근거: 현재 ○○사의 ☆☆☆ 제품이 전체 시장의 60%를 차지하고 있는 상황임. 경쟁제품이 다양하지 않으므로, 집중적으로 마케팅할 경우 M/S 10% 수준은 달성가능하리라 판단함

13 가치제안 분석

Question 5

고객은 제품을 구입하기 위해 얼마를 지불할 것인가? (완전히 새로운 제품일 경우)

고객		동료	
구분	가격	구분	가격
고객 1		생산직원	
고객 2		영업직원	
고객 3		상사	
고객 4		부하	
고객 5		나의 직관	

- 본 분석에 적용되는 제품이 기존에 존재하던 제품이 아닌, 시장에 존재하지 않는 새로운 제품일 경우 잠재고객 혹은 영업담당 부서에 적절한 가격 수준을 물어보는 것이 필요하다.
- 잠재적인 고객과 직원들에게 적절한 수준의 가격을 물어보고 그 근거를 듣도록 한다.

Facilitator Tip

- 본 Template은 기존 시장에서 판매되지 않던 완전히 새로운 제품일 경우 작성한다.

13 가치제안 분석: 예시

Question 5

고객은 제품을 구입하기 위해 얼마를 지불할 것인가? (완전히 새로운 제품일 경우)

고객		동료	
구분	가격	구분	가격
고객 1	12,000원	생산직원	8,000원
고객 2	15,000원	영업직원	9,000원
고객 3	10,000원	상사	10,000원
고객 4	10,000원	부하	9,000원
고객 5	11,000원	나의 직관	10,000원

13 가치제안 분석

Question 6

가격 책정 수준은? (이미 유사한 제품이 있는 경우)

가격 구분	설명	가격 수준
Premium Pricing	• Today's Price	
Normal Pricing	• 70% of Today's Price	
Breakthrough Pricing	• 50% of Today's Price	

- 이미 유사한 제품이 시장 내 있는 경우, 혹은 자사에 유사한 제품이 있는 경우 가격을 다양한 수준으로 고려해볼 수 있다.

Facilitator Tip

- 본 Template에서는 현재 가격 수준을 Premium Pricing 하나의 군으로 정의하였지만, 이를 세분화하여 현재 시장 내에서도 고가격군, 중가격군, 저가격군으로 구분하여 작성해볼 수 있다.

13 가치제안 분석: 예시

Question 6

가격 책정 수준은? (이미 유사한 제품이 있는 경우)

가격 구분	설명	가격 수준
Premium Pricing	• Today's Price	10,000원
Normal Pricing	• 70% of Today's Price	7,000원
Breakthrough Pricing	• 50% of Today's Price	5,000원

13 가치제안 분석

Question 7

당신에게는 경쟁자와 차별화되는 전략이 있는가?

체크	경쟁사			당사
	A	B	C	
특허 기술(Patented Technology)	□	□	□	□
디자인(Unpatented Designs)	□	□	□	□
사이클 타임(Cycle Time)	□	□	□	□
마케팅 및 홍보(Marketing & Advertising)	□	□	□	□
영업력(Salesforce)	□	□	□	□
생산원가(Low-cost Manufacturing)	□	□	□	□
기타(Other)	□	□	□	□

- 경쟁사 대비 자사의 제품이 경쟁력을 가질 수 있는 부분을 고려해 본다. 왼편의 체크항목은 제품에 따라 조정할 수 있다. 7~10개 수준으로 제품의 성공에 가장 큰 영향을 미치는 항목들을 도출한다.
- 각 항목별로 타 경쟁사가 주력하는 전략을 체크하도록 한다.

Facilitator Tip

- 자사의 제품은 모든 영역에서 체크될 필요는 없다. 본 제품이 주력해야 하는 전략에 체크하면 된다.

13 가치제안 분석: 예시

Question 7

당신에게는 경쟁자와 차별화되는 전략이 있는가?

체크	경쟁사			당사
	A	B	C	
특허 기술(Patented Technology)	☑	☐	☐	☐
디자인(Unpatented Designs)	☐	☐	☐	☑
사이클 타임(Cycle Time)	☐	☑	☐	☐
마케팅 및 홍보(Marketing & Advertising)	☐	☐	☐	☐
영업력(Salesforce)	☐	☐	☑	☐
생산원가(Low-cost Manufacturing)	☐	☑	☐	☐
기타(Other)	☐	☐	☐	☐

13 가치제안 분석

Question 8

경쟁자의 목표는 무엇이며, 당신의 목표는 무엇인가?

경쟁자

목표	제품	목표달성시기	타깃

당사

목표	제품	목표달성시기	타깃

- 전략적 목표는 사업의 방향성을 알려줄 뿐 아니라 성공의 기준을 제공하기도 한다. 목표는 제품, 달성시기 그리고 측정 가능한 목표수치로 구성된다.
- 더 자세한 경쟁자 분석 기준은 [(04) 경쟁자 분석] 내용을 참조한다.

Facilitator Tip

- 타깃은 매출액, 영업이익과 같은 재무지표일 수도 있고, 시장 순위가 될 수도 있다.

13 가치제안 분석: 예시

Question 8

경쟁자의 목표는 무엇이며, 당신의 목표는 무엇인가?

경쟁자

목표	제품	목표달성시기	타깃
Put our collision avoidance system in every car by 2010	Collision Avoidance system	By 2010	100% market share
Fastest Web server within two years	Internet Web server	Next two years	Faster than competitors

당사

목표	제품	목표달성시기	타깃
Grow revenue 15% a year	All products	Open-ended, forever	15% revenue growth

13 가치제안 분석

제품	타깃 고객	제안가치	가격

- 앞서 작성하였던 내용을 바탕으로 가치제안의 최종안을 작성하도록 한다.
- 각 제품별 타깃 고객과, 해당 고객에게 줄 수 있는 본 제품만의 가치 그리고 적정 수준의 가격을 작성한다.

Facilitator Tip

- 가치제안분석의 최종 Template으로 기존에 작성했던 내용을 참고하여 최대한 구체적으로 작성할 수 있도록 유도한다.

13 가치제안 분석: 예시

제품	타깃 고객	제안가치	가격
맥도날드	• 편리함을 찾는 대중 고객 (mass customers)	• 서비스 스피드 • 일관성 있는 품질 • 청결하고 친근한 환경	• 정식 레스토랑의 25%
볼보 스테이션 웨곤	• 안전을 중시하는 부유층 가족	• 탁월한 안전성과 견고성	• 다른 미국 웨건보다 20% 프리미엄 가격
○○대학교 경영대학 E-MBA	• 임원 혹은 임원을 준비하는 Mid-career 간부급 관리자	• 최상의 교육 • 기회비용 없음 • 한국상황에 맞는 경영지식 • ○○대학 경영대 교수자원과의 접속 • ○○대학 교우회 네트웍과의 접속	• 국내 최고가, 미국, 유럽 유사 프로그램보다는 ½ 가격
파텍 필립	• 외모나 패션에 관심이 많은 부유층 남자	• 지위(Status) • 위신(Prestige)	• 1,000만원 이상

14

전략캔버스 분석

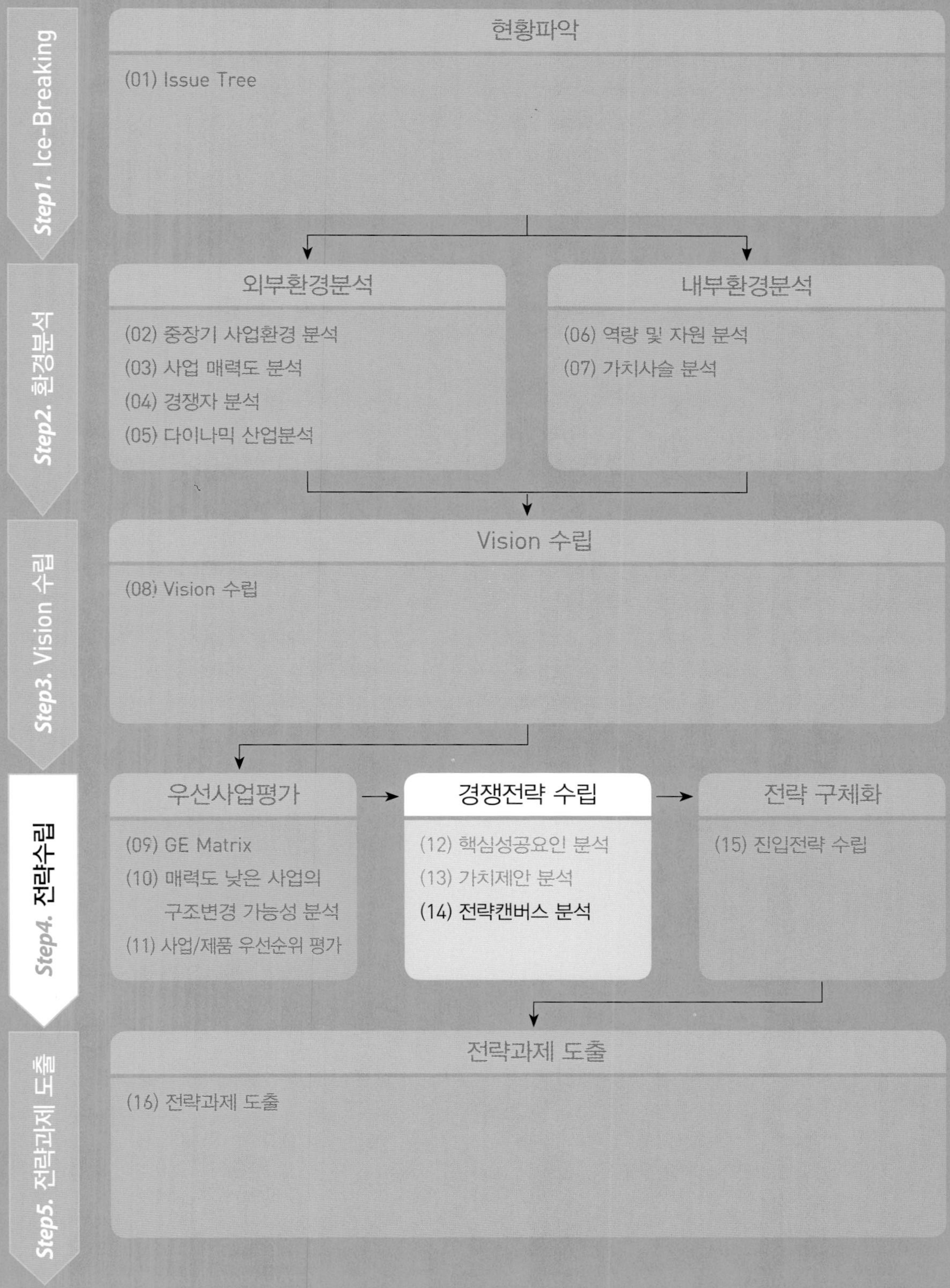
Step1. Ice-Breaking
현황파악
(01) Issue Tree
Step2. 환경분석
외부환경분석
(02) 중장기 사업환경 분석
(03) 사업 매력도 분석
(04) 경쟁자 분석
(05) 다이나믹 산업분석
내부환경분석
(06) 역량 및 자원 분석
(07) 가치사슬 분석
Step3. Vision 수립
Vision 수립
(08) Vision 수립
Step4. 전략수립
우선사업평가
(09) GE Matrix
(10) 매력도 낮은 사업의
구조변경 가능성 분석
(11) 사업/제품 우선순위 평가
경쟁전략 수립
(12) 핵심성공요인 분석
(13) 가치제안 분석
(14) 전략캔버스 분석
전략 구체화
(15) 진입전략 수립
Step5. 전략과제 도출
전략과제 도출
(16) 전략과제 도출

14 전략캔버스 분석

타사와의 경쟁에서 이기기 위해서는 자사만의 차별적인 전략이 필요하다. 남들과 같은 전략을 사용해서는 성공할 수 없기 때문이다. 전략캔버스는 다양한 전략들 중 어떠한 전략을 취해야 타사와 차별될 수 있는 지, 현재 타사와 중복되는 전략을 사용하고 있지는 않은지를 검토할 때에 활용한다.

왜 써야 하는가

- 제품을 팔기 위해 취할 수 있는 다양한 전략 중, 자사가 집중적으로 취해야 할 전략을 검토하고 타사와의 전략 차별화 수준을 가시적으로 보고자 할 때 사용한다.

어떻게 써야 하는가

- 본 분석 Tool은 하나의 과제로 구성되어 있다. 아래 축에는 사업을 영위하는 데 있어서 자사 및 경쟁사들이 어디에 돈과 자원을 투자하는지 그 대상들(혹은 경쟁 포인트들)을 나열하고, 자사와 타사가 해당 항목에 투자하는 수준을 표시한다.

* 더 자세한 것은 Blue Ocean Strategy를 참조할 수 있다. 다음 페이지에서 설명하는 RERC 개념을 포함함으로써 혹자는 이것이 비용과 차별화를 통합할 수 있는 전략의 근거로 삼는 경우가 있다. 그러나, 이것은 위험한 발상이다. 블루오션에서 제시하는 예시들도 자세히 보면 결국 차별화와 비용우위 전략 중 하나를 선택하고 그 기반위에 차별화의 경우는 비용절감을, 비용우위 전략의 경우는 차별화할 수 있는 요소들을 추가적으로 덧붙이는 것이다. 저가 와인 옐로우 테일의 사례는 저비용 전략이 기본 축이며, 태양의 서커스는 차별화, 사우스웨스트 항공은 어느 모로 보나 저비용 전략이 기본 축이다. 특히 서비스 사업의 경우 값이 싸다고(비용이 낮으므로) 불친절할 필요는 없는 것이다. 어떻게 하면 많은 비용을 들이지 않고 서비스의 질을 높일 수 있을지 고민하는 것은 당연한 전략의 일부분이다.

- Mauborgne, R. & Kim, W.C. 2005. *Blue Ocean Strategy: How To Create Uncontested Market Space And Make The Competition Irrelevant*, HBR Press에서 인용하고 Workshop용으로 활용하였다

14 전략캔버스 분석

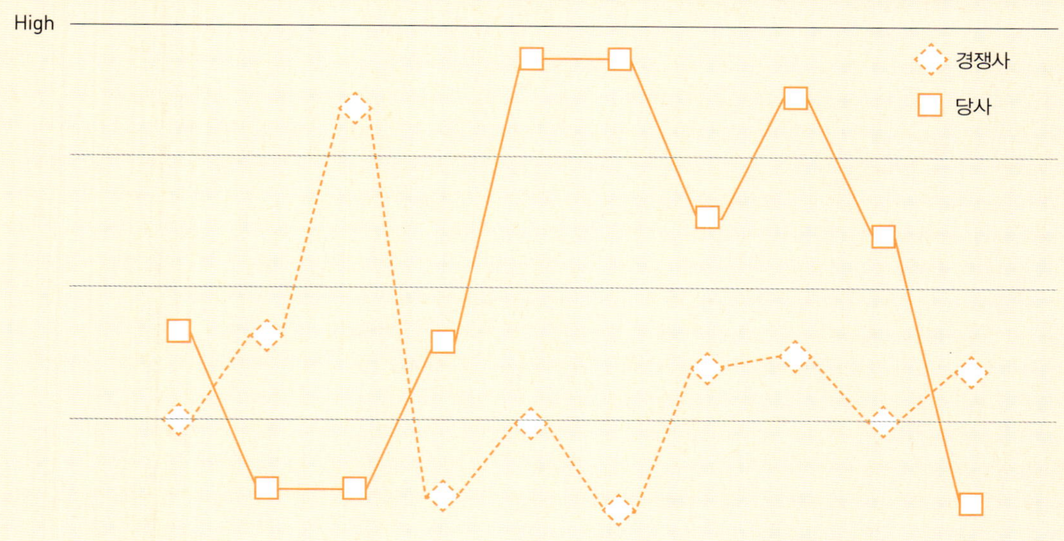

- X축에 투자 가능한 요소를 열거한다. 투자요소들의 선정은 내부인들이 모여서 토론을 통하여 도출할 수도 있고(국내 식품사 예시), 고객이나 포커스 그룹을 활용할 수도 있고(EFS 예시), 또는 외부 용역기관에 맡길 수도 있다(국내 증권사 예시).
- 예) RERC 원칙
  - Reduce (남들보다 적게 쓴다)
  - Eliminate (남들 하는 것을 안 한다)
  - Raise (남들보다 더 쓴다)
  - Create (남들 안 하는 것을 한다)
- 다양한 투자요소는 곧 전략의 방향성이 된다. 캔버스를 그리고 나면 자사의 전략이 타사와 얼마나 차별화 되는지, 향후 전략의 방향성은 어떠해야 하는지 가늠할 수 있다.

Facilitator Tip

- [(12) 핵심성공요인 분석]을 참조하여 투자요소들을 생각하는 것이 도움이 될 수 있다.

14 전략캔버스 분석: 예시

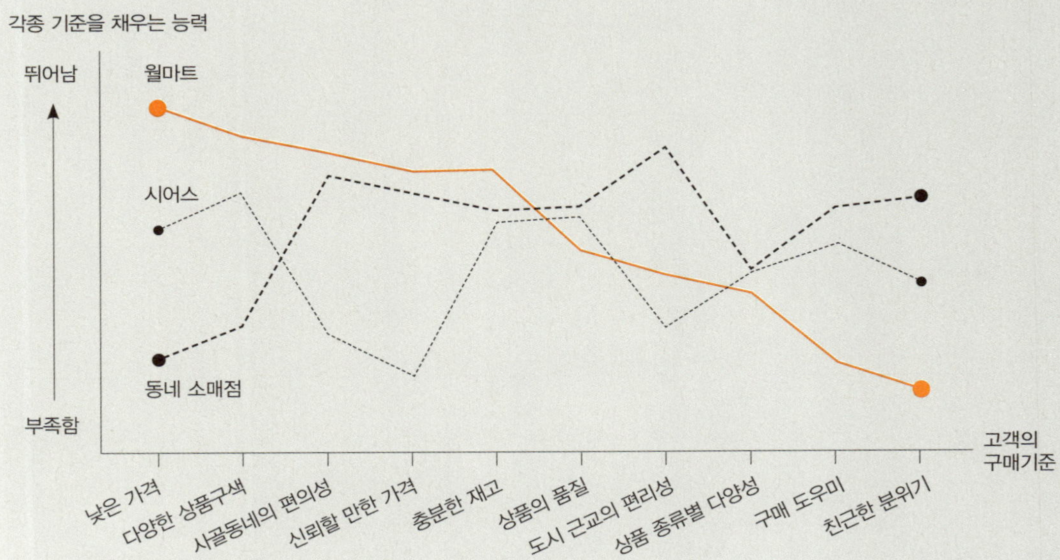

- 가장 흔히 볼 수 있는 전략 캔버스의 예시이다. 월마트는 자원의 투자가 일관되게 한 곳을 향하는 것을 알 수 있다. 동네 소매점도 나름 포커스를 맞추어 살아 남을 수 있었다. 중간에서 일관성 없이 방향을 잡지 못하는 시어스는 물론 몰락했다.

14 전략캔버스 분석: 예시 (EFS: 기업 외환 오프라인 비즈니스)

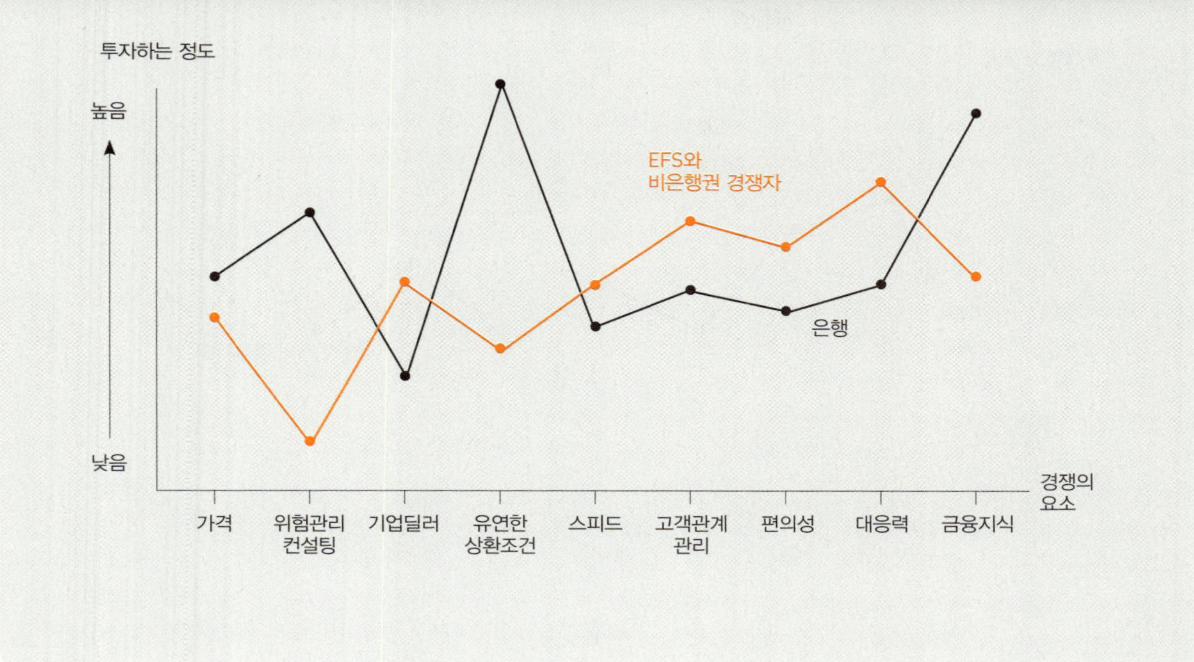

- EFS는 유럽의 실존 금융기관의 가명이다. 성과가 지속적으로 하락하는 가운데 자사와 비은행권 경쟁자들은 차이가 없는 것을 볼 수 있다. 은행들과는 약간의 차이가 나지만 결국 전반적으로 유사한 패턴을 보이고 있다. 결국, 다른 경쟁자와 다를 것이 없기 때문에 성과가 나지 않는다는 결론을 도출했다.

14 전략캔버스 분석: 예시 (EFS: 기업 외환 온라인 비즈니스)

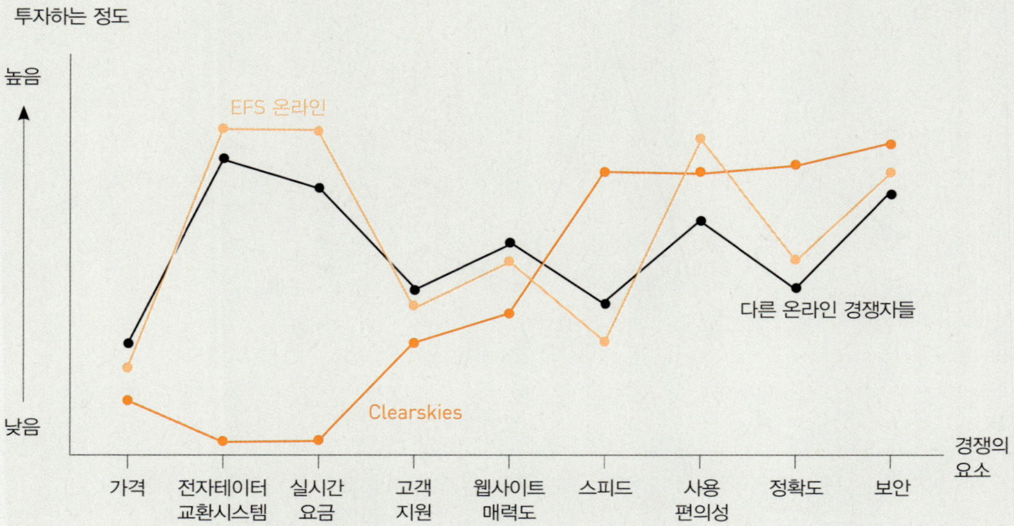

- 온라인 사업의 경우도 경쟁자들과 거의 차이가 없는 유사한 패턴의 전략을 구사하는 것을 볼 수 있다. 그런데, 한 회사가 전혀 다른 패턴의 전략을 구사한 것에 착안하여 자신들의 전략을 재점검하기로 한다.
- X축의 요소들은 자신들이 생각하기에 중요한 경쟁 포인트라고 생각한 것인데, 여기에 오류가 있을 수 있다고 보고 고객들로 구성된 포커스 그룹을 초청하여 내부자들과의 논의를 통해, 회사가 중요하게 생각하는 서비스를 고객들은 중요하지 않게 여기는 것들이 있음을 파악한다.

14 전략캔버스 분석: 예시 (EFS: Before and After)

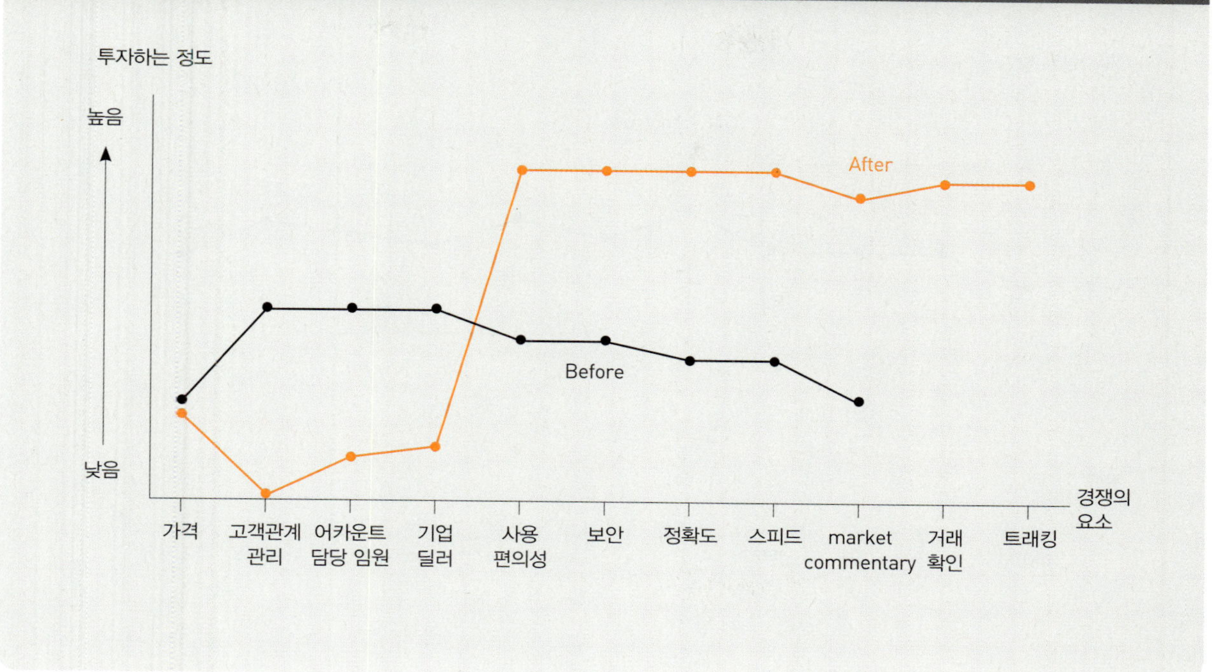

- 그 결과 X축을 다시 재정리하여 RERC를 적용하여 전략을 재정비하였고, 그 결과 성과를 볼 수 있었다고 한다.

14 전략캔버스 분석: 예시 (국내 증권사 리테일 부문)

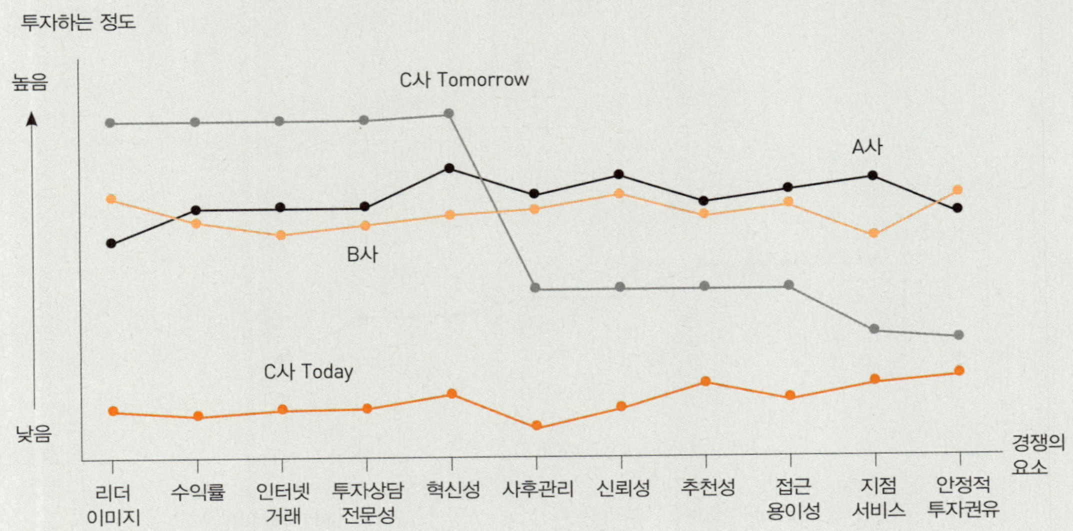

- 국내 증권사 C사는 규모도 적고 실적도 낮은 하위권 회사이다. X축의 요소들은 외부 용역을 통해 파악하였고 전략캔버스를 구성해 본 결과, 모든 면에서 투자가 낮다는 자명한 결과가 도출되었다. 애초 반응은 모든 영역에서 리딩 회사들과 유사한 수준의 투자를 하면 된다는 것이었는데 현실성 없는 제안이다. RERC를 운영하도록 유도한 결과 그림을 그리기는 했으나 E(남이 하는 것을 과감하게 하지 않는다)와 C(남이 안 하는 뭔가를 한다)가 빠져 있는 것을 볼 수 있다.

14 전략캔버스 분석: 예시 (국내 식품사 포장샐러드 사업)

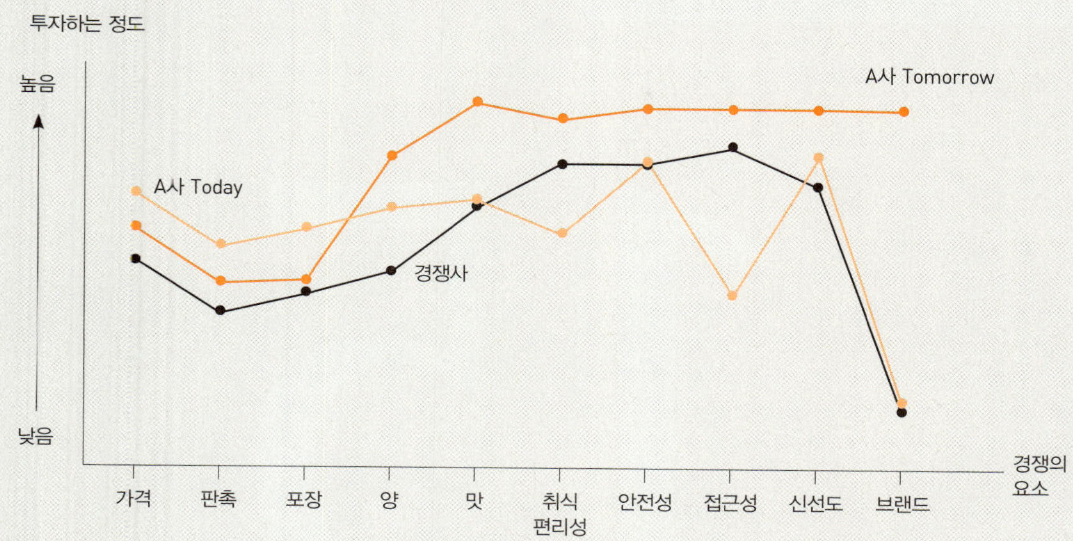

- 국내 식품사의 경우도 경쟁사 대비 크게 다르지 않은 투자수준에 가격만 더 높게 책정함으로써 성과가 나지 않는다는 문제점은 파악하였다. 그러나, 캔버스를 다시 구성한 결과를 보면 역시 E와 C가 빠져 있다. 즉, 현실적으로 전략 캔버스에서 가장 어려워하는 것이 E와 C이다. 연습이니만큼 과감하고 창의적인 시도를 하는 것이 바람직하다.

15

진입전략 수립

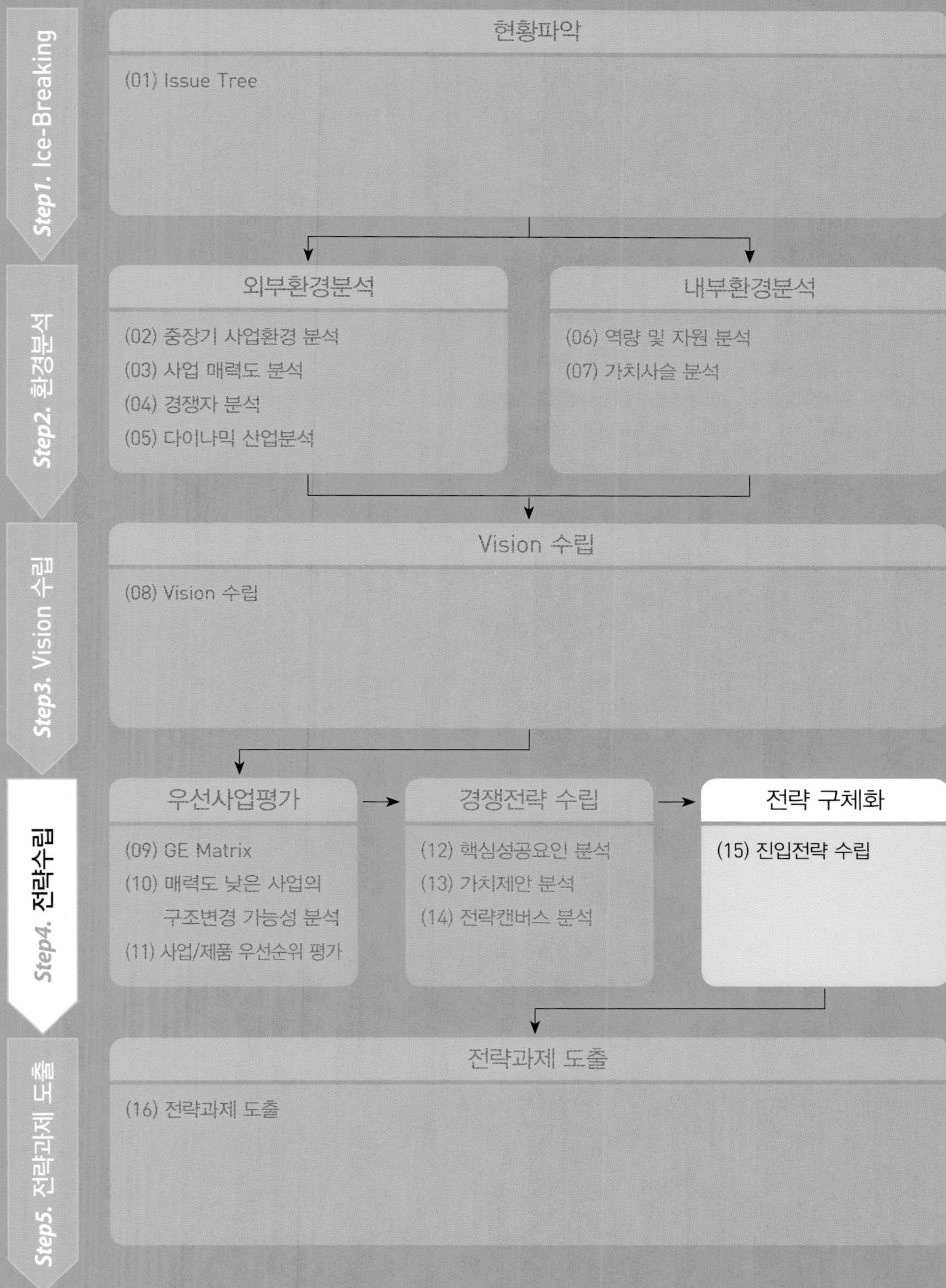
Step1. Ice-Breaking
현황파악
(01) Issue Tree
Step2. 환경분석
외부환경분석
(02) 중장기 사업환경 분석
(03) 사업 매력도 분석
(04) 경쟁자 분석
(05) 다이나믹 산업분석
내부환경분석
(06) 역량 및 자원 분석
(07) 가치사슬 분석
Step3. Vision 수립
Vision 수립
(08) Vision 수립
Step4. 전략수립
우선사업평가
(09) GE Matrix
(10) 매력도 낮은 사업의 구조변경 가능성 분석
(11) 사업/제품 우선순위 평가
경쟁전략 수립
(12) 핵심성공요인 분석
(13) 가치제안 분석
(14) 전략캔버스 분석
전략 구체화
(15) 진입전략 수립
Step5. 전략과제 도출
전략과제 도출
(16) 전략과제 도출

15 진입전략 수립

본 과정은 분석 Tool을 활용한다기보다 구체적인 전략을 수립하는 과정이다. 목표 매출액과 각 기능별 전략 방향성을 포함한다.

왜 써야 하는가

- 향후 5개년의 목표 매출액을 도출하고 이를 달성하기 위한 부문별 전략 방향성을 정의하고자 할 때 사용한다.

어떻게 써야 하는가

- 본 Tool은 2가지 과제로 구성된다.
  1) 목표 매출액 정의: 향후 5개년도 달성 가능한 목표 매출액을 정의한다.
  2) 기능별 전략 방향성 정의: 각 기능별로 5개년 목표 매출액을 달성하기 위해 취해야 하는 전략 방향성을 정의한다.

작성 예시

5개년 내 매출액 90억을 통한 M/S 20% 달성

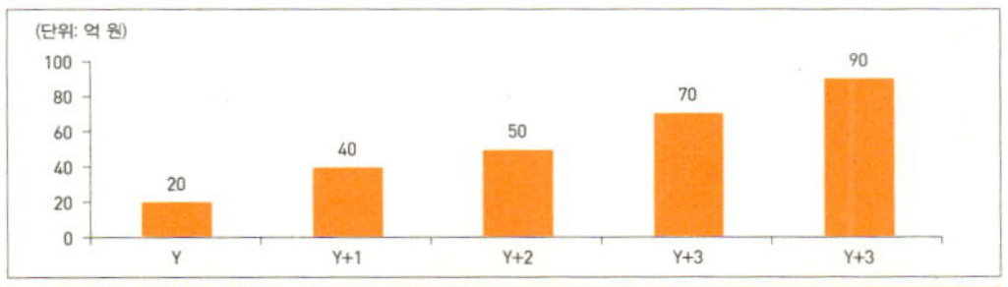

	Y	Y+1	Y+2	Y+3	Y+4
예상 매출액	20억	40억	50억	70억	90억
5개년 성장 CAGR	47.5%				

전체 국내시장 규모가 약 450억 수준으로 현재 단일 제품이 약 50%의 M/S를 차지하고 있음
적극적인 홍보와 효과적인 유통망 구축을 통해 고객으로의 접근이 용이해질 경우 M/S 20% 수준은 5개년 내 달성 가능할 것으로 보임

기능별 최적화를 통한 신속한 시장 진입

구분	마케팅 전략 STP / 4P 전략	조직운영전략 인력 및 조직 운영 전략	생산운영전략 자가 (리뉴얼)/ OEM 운영 전략	기타운영전략 R&D등 기타 운영 전략
진입전략	• 제품 Renewal (중량개선) • 제품 구색 강화 • 유통망 확대 • 시식행사 시행률 확대	• 기능별 전문가 육성 • 영업인력에 대한 인센티브 재설계	• 원가 절감 방안 모색 • 공정 최적화	• 연구전문가제도 도입

15 진입전략 수립

목표

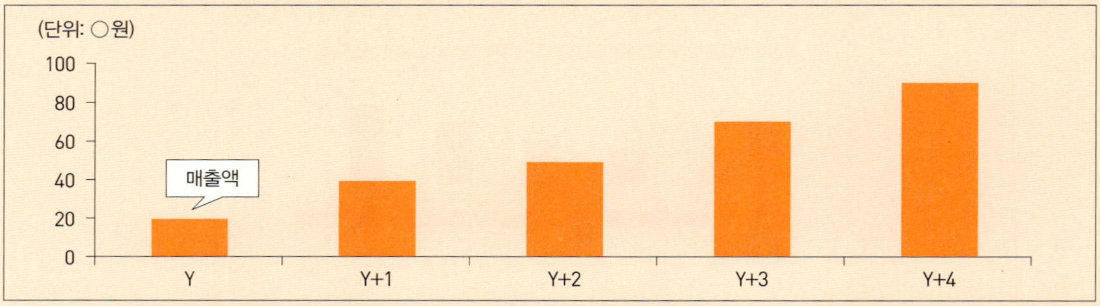

	Y	Y+1	Y+2	Y+3	Y+4
예상 매출액					
5개년 성장 CAGR					

목표설정 근거

- 시장규모를 감안하여 5개년 목표 매출액을 작성한다.
- 단, 근거 없는 목표치가 아니라 명확한 근거를 제시하여 해당 목표치가 설정된 이유를 설명할 수 있어야 한다.

Facilitator Tip

- 본 Template에서 가장 중요한 부분은 목표 매출액이 아니라, 해당 목표치가 설정된 근거이다. 해당 근거를 설득력 있게 작성할 수 있도록 유도한다.

15 진입전략 수립: 예시

5개년 내 매출액 90억을 통한 M/S 20% 달성

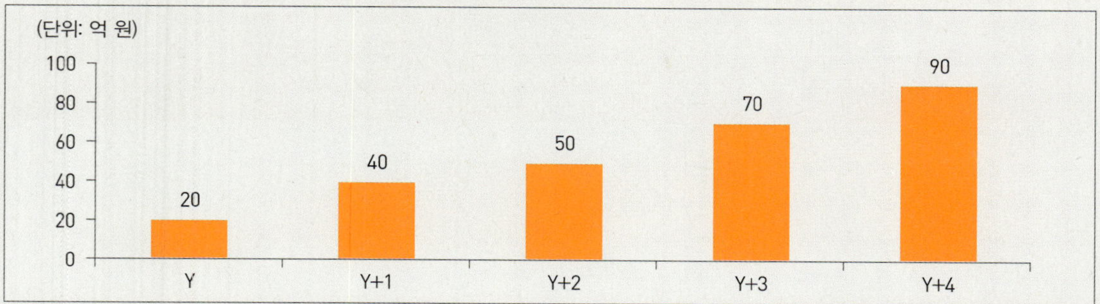

	Y	Y+1	Y+2	Y+3	Y+4
예상 매출액	20억	40억	50억	70억	90억
5개년 성장 CAGR	47.5%				

전체 국내시장 규모가 약 450억 수준으로 현재 단일 제품이 약 50%의 M/S를 차지하고 있음
적극적인 홍보와 효과적인 유통망 구축을 통해 고객으로의 접근이 용이해질 경우 M/S 20% 수준은 5개년 내 달성 가능할 것으로 보임

15 진입전략 수립

진입전략

구분	마케팅 전략	조직운영전략	생산운영전략	기타운영전략
	STP / 4P 전략	인력 및 조직 운영전략	자가 (리뉴얼)/ OEM 운영전략	R&D 등 기타 운영전략
진입전략				

- 마케팅, 조직운영, 생산운영, 기타운영 차원에서의 전략 방향성을 정의한다. 이때 고민해야 하는 것은 앞서 정의된 목표 매출액을 감안해야 한다.
- 각 진입전략이 설정된 근거는 해당 목표 매출액을 달성하기 위함이 되어야 한다.

Facilitator Tip

- 앞서 논의되었던 [(07) 가치사슬 분석]을 참고하여 작성할 수 있다. 단, 본 Template은 선정된 사업 혹은 제품에 대한 진입전략이므로 [(07) 가치사슬 분석] 결과를 그대로 준용하지는 않도록 한다.

15 진입전략 수립: 예시

진입전략

구분	마케팅 전략	조직운영전략	생산운영전략	기타운영전략
	STP / 4P 전략	인력 및 조직 운영전략	자가 (리뉴얼)/ OEM 운영전략	R&D 등 기타 운영전략
진입전략	• 제품 Renewal (중량개선) • 제품 구색 강화 • 유통망 확대 • 시식행사 시행률 확대	• 기능별 전문가 육성 • 영업인력에 대한 인센티브 재설계	• 원가 절감 방안 모색 • 공정 최적화	• 연구전문가제도 도입

16

전략과제 도출

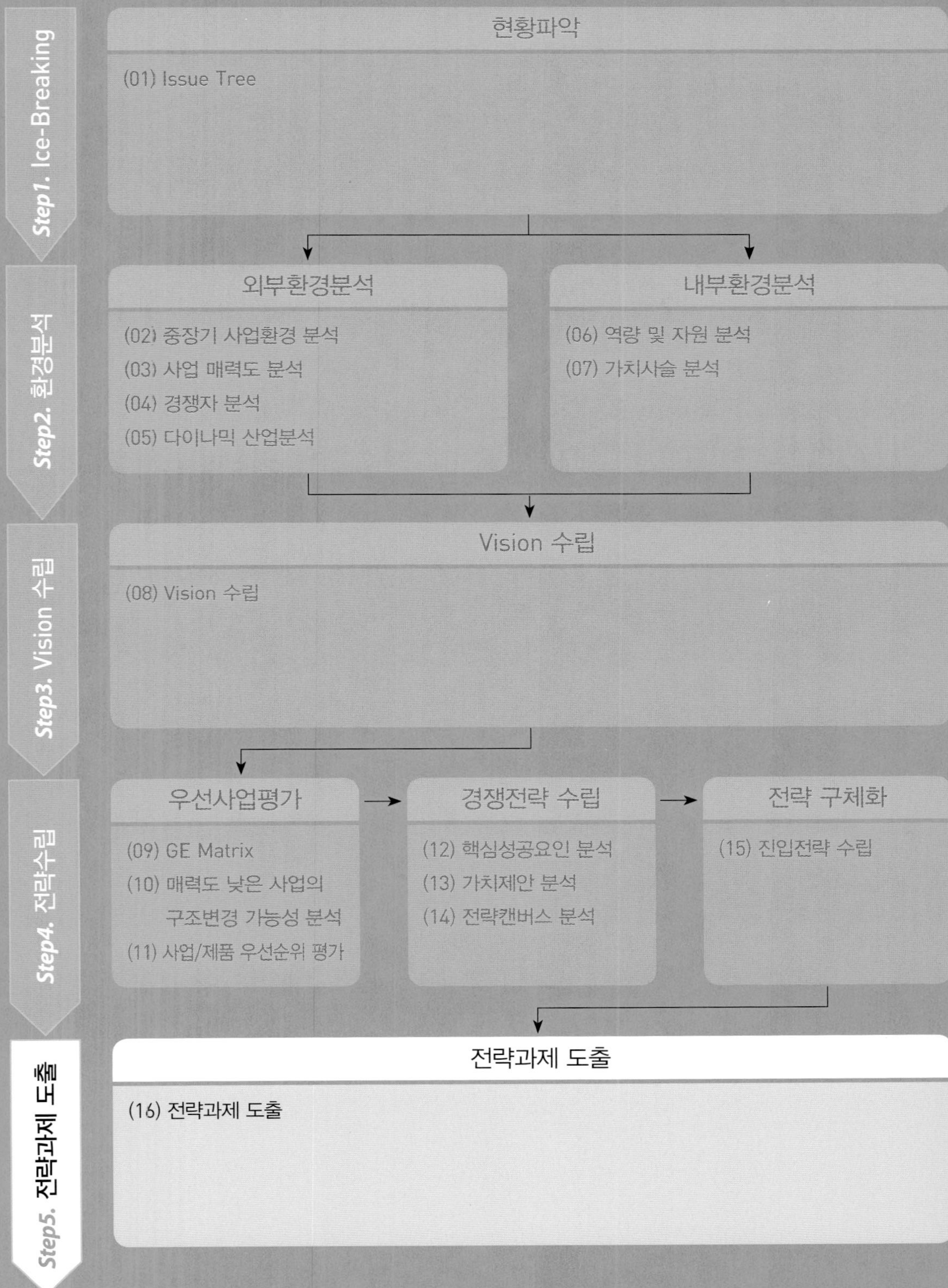
Step1. Ice-Breaking
현황파악
(01) Issue Tree
Step2. 환경분석
외부환경분석
(02) 중장기 사업환경 분석
(03) 사업 매력도 분석
(04) 경쟁자 분석
(05) 다이나믹 산업분석
내부환경분석
(06) 역량 및 자원 분석
(07) 가치사슬 분석
Step3. Vision 수립
Vision 수립
(08) Vision 수립
Step4. 전략수립
우선사업평가
(09) GE Matrix
(10) 매력도 낮은 사업의 구조변경 가능성 분석
(11) 사업/제품 우선순위 평가
경쟁전략 수립
(12) 핵심성공요인 분석
(13) 가치제안 분석
(14) 전략캔버스 분석
전략 구체화
(15) 진입전략 수립
Step5. 전략과제 도출
전략과제 도출
(16) 전략과제 도출

16 전략과제 도출

앞서 정의한 부문별 전략방향성을 구체화하여 실질적으로 Action을 취할 수 있는 형태의 과제를 도출한다.

왜 써야 하는가

- 전략수립 이후에는, 각 부문간 전략과제를 도출하고, 전략과제의 중요성 및 시급성을 고려하여 유한한 자원을 배분하기 위해 과제 수행의 우선순위를 결정해야 한다.
- 결론적으로 우선순위에 따른 전략과제 실행 로드맵을 도출하기 위해 사용한다.

어떻게 써야 하는가

- 본 Tool은 3가지 과제로 구성되어 있다.

1) 전략과제 도출: 각 부문별 전략과제를 도출한다.
2) 전략과제 우선순위 도출: 각 전략과제별 중요성과 시급성을 고려하여 우선순위를 도출한다.
3) 실행 로드맵 작성: 우선순위에 기반하여 실행 로드맵을 작성한다.

작성 예시

R&D
조달
생산
물류
영업/ 마케팅
R&D 역량강화
품목 확대
역량 확보
채널확대
역량 강화 방안
① 개발연구 인력 보강 (외부 영입 등)
② 개발 능력 강화 (전문 교육, 해외 연수)
③ 차별화 제품개발
④ 구매 전문가 육성
⑤ 아웃소싱 (OEM)
⑥ ○○동 리뉴얼 (다품종, 소량생산구조 변경)
사업 확대에 따라 필요시 물류 체계 확보
⑦ B2C 확대
- 마케팅 전문성 확보
- 브랜드 구축 (컨설팅 연계)
- 판촉 강화(순회 판촉사원운영)
- 소매점 확대
⑧ ○○○ 확대

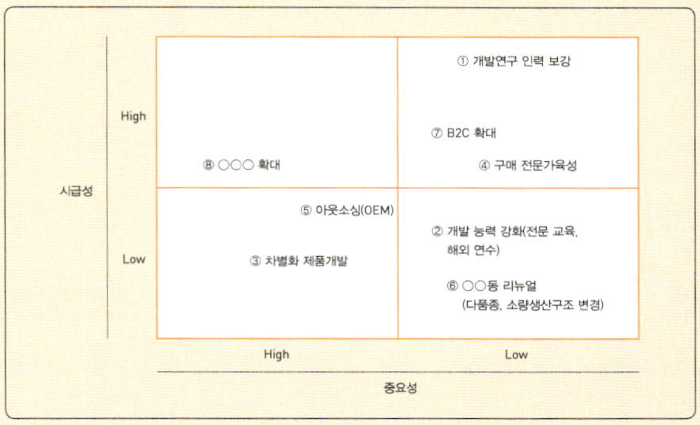
시급성
High
Low
① 개발연구 인력 보강
⑦ B2C 확대
⑧ ○○○ 확대
④ 구매 전문가육성
⑤ 아웃소싱(OEM)
③ 차별화 제품개발
② 개발 능력 강화(전문 교육, 해외 연수)
⑥ ○○동 리뉴얼 (다품종, 소량생산구조 변경)
High
Low
중요성

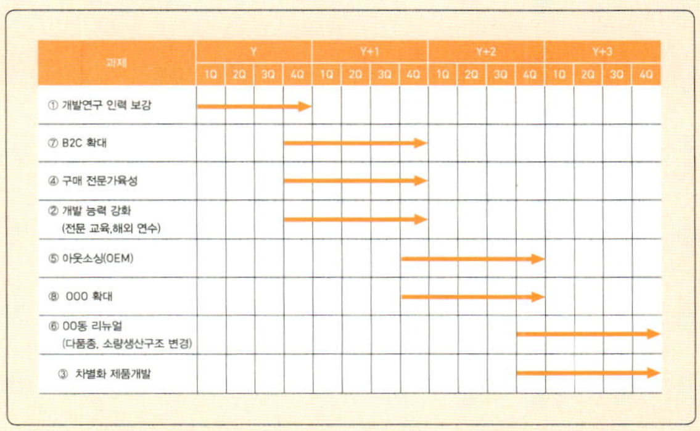
과제
Y
Y+1
Y+2
Y+3
1Q 2Q 3Q 4Q
① 개발연구 인력 보강
⑦ B2C 확대
④ 구매 전문가육성
② 개발 능력 강화 (전문 교육,해외 연수)
⑤ 아웃소싱(OEM)
⑧ 000 확대
⑥ 00동 리뉴얼 (다품종, 소량생산구조 변경)
③ 차별화 제품개발

16 전략과제 도출

	Function A	Function B	Function C	Function D	Function E
역량 강화 방안					

- 각 기능별로 전략 달성을 위해 취해야 하는 과제를 도출하도록 한다. 일반적으로 많은 회사들이 이러한 과제를 도출하나, 문제는 과제에서 끝난다는 것이다.
- 본 과제 도출 시 가장 주의해야 할 사항은 실질적으로 수행 가능하고 반드시 수행이 필요한 과제들을 도출하는 것이다.

Facilitator Tip

- 최대한 실행가능한 과제를 도출할 수 있도록 유도한다. 작성한 과제에 대해 "실행가능한 것인가?"에 대한 질문을 끊임없이 하여야 한다.

16 전략과제 도출: 예시

	R&D	조달	생산	물류	영업/ 마케팅
역량 강화 방안	R&D 역량강화	품목 확대		역량 확보	채널 확대
	① 개발연구 인력 보강 (외부 영입 등) ↓ ② 개발능력 강화 (전문 교육, 해외 연수) ↓ ③ 차별화 제품개발	④ 구매 전문가 육성 ⑤ 아웃소싱 (OEM)	⑥ ○○동 리뉴얼 (다품종, 소량생산구조 변경)	사업 확대에 따라 필요시 물류 체계 확보	⑦ B2C 확대 - 마케팅 전문성 확보 - 브랜드 구축 (컨설팅 연계) - 판촉 강화(순회 판촉사원운영) - 소매점 확대 ⑧ ○○○ 확대

16 전략과제 도출

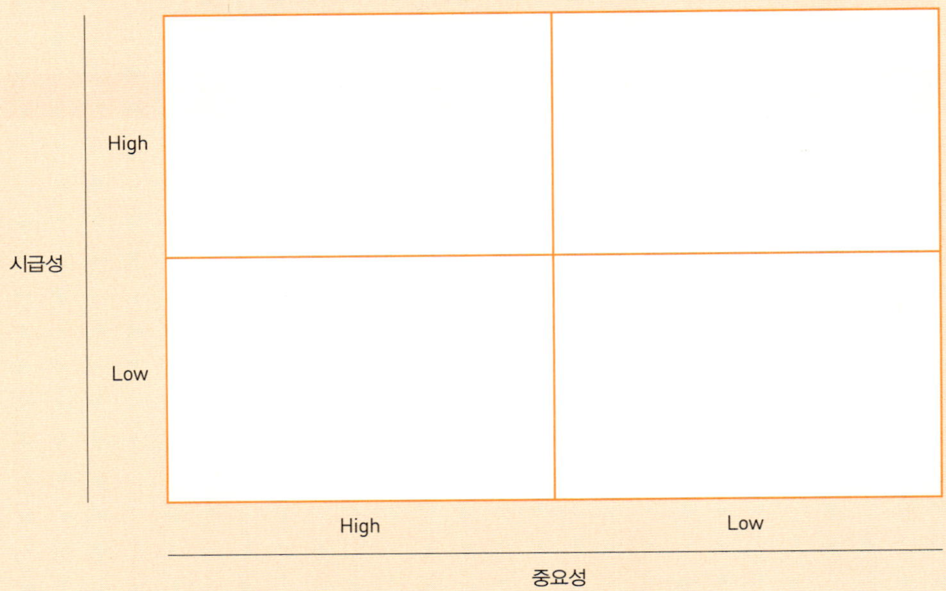

- 도출된 과제들에 번호를 지정한다. 그리고 각 과제별 중요성과 시급성 수준을 체크한다. 제시된 Template은 Low와 High, 2가지 차원에서 Matrix가 그려져 있으나 1점~5점 척도를 사용하여도 무방하다.
- 일반적으로 많이 헷갈리는 것이 중요성과 시급성 중에 어떠한 것이 높은 과제를 더욱 빨리 수행하여야 하는가에 대한 것이다. 이때는 중요한 것을 우선해야 한다.

Facilitator Tip

- 시급성과 중요성 판단 기준은 과제들 간의 상대적인 수준이 아니라, 현 상황에서 전략을 달성하려고 할 때에 시급수준과 중요 수준을 의미한다. 과제들 간의 상대적인 비교가 되지 않도록 한다.

16 전략과제 도출: 예시

시급성 \ 중요성	High	Low
High	⑧ ○○○ 확대	① 개발연구 인력 보강 ⑦ B2C 확대 ④ 구매 전문가 육성
Low	⑤ 아웃소싱(OEM) ③ 차별화 제품개발	② 개발 능력 강화(전문 교육, 해외 연수) ⑥ ○○동 리뉴얼 (다품종, 소량생산구조 변경)

16 전략과제 도출

과제	Y				Y+1				Y+2				Y+3			
	1Q	2Q	3Q	4Q	1Q	2Q	3Q	4Q	1Q	2Q	3Q	4Q	1Q	2Q	3Q	4Q

- 시기의 경우 제시된 Template에서 수정이 가능하다. 즉 연내 로드맵을 원할 경우 Template에서 제시된 일정보다 더욱 상세한 일정으로 작성할 수 있다. 일반적으로 사업전략을 구상할 경우 2~3년의 로드맵을 가지고 있는 것이 좋다.

Facilitator Tip

- 본 Template은 분기 단위로 구분되어 있지만, 가능할 경우 월 단위로 구분하는 것도 바람직하다. 최대한 구체화된 로드맵을 Workshop에서 도출하는 것이 좋다.

16 전략과제 도출: 예시

과제	Y				Y+1				Y+2				Y+3			
	1Q	2Q	3Q	4Q	1Q	2Q	3Q	4Q	1Q	2Q	3Q	4Q	1Q	2Q	3Q	4Q
① 개발연구 인력 보강	→	→	→	→												
⑦ B2C 확대				→	→	→	→	→								
④ 구매 전문가 육성				→	→	→	→	→								
② 개발 능력 강화 (전문 교육, 해외 연수)				→	→	→	→	→								
⑤ 아웃소싱(OEM)								→	→	→	→	→				
⑧ OOO 확대								→	→	→	→	→				
⑥ OO동 리뉴얼 (다품종, 소량생산구조 변경)												→	→	→	→	→
③ 차별화 제품개발												→	→	→	→	→

【저자 약력】

김언수 고려대학교 경영대학 졸업
일리노이 대학 MBA 및 경영학박사(경영전략 전공)
이스턴 일리노이 대학 경영학과 교수
캘리포니아 주립대학(Fullerton) 경영학과 교수
한국전략경영학회 회장 역임
현재 고려대학교 경영대학 교수

김봉선 부산대학교 전산학과 졸업
고려대학교 경영대학원 MBA(마케팅 전공)
고려대학교 경영대학원 경영학박사(경영전략 전공)
스트라이드 코리아 근무
알파라발 코리아 IT 담당 매니저
현재 일리노이 대학 Post-Doc 연구원

신재욱 서울대학교 경영학과 졸업
서울대학교 경영학과 석사(인사조직 전공)
고려대학교 경영대학원 박사과정 수료(경영전략 전공)
정보통신정책연구원(KISDI)
PricewaterhouseCoopers
IBM Business Consulting Service
현재 FMASSOCIATES 대표 컨설턴트

TOP을 위한 전략경영: Workshop편

초판인쇄 2013년 7월 1일
초판발행 2013년 7월 10일

지은이 김언수 · 김봉선 · 신재욱
발행인 박노일

주 소 경기도 고양시 일산동구 강송로 153
310-1501(마두동, 강촌마을)
전 화 070)7550-3758 팩 스 02)718-8554
홈페이지 www.pncmedia.co.kr 이메일 pnc@pncmedia.co.kr

발행처 피앤씨미디어
출판신고번호 제396-2012-000203호

ISBN 978-89-98786-36-6 93320

정 가 20,000원